U0744879

国家高技能人才培训基地系列教材

编 委 会

主　编：叶军峰

编　委：郑红辉　　黄丹凤　　苏国辉

　　　　唐保良　　李娉婷　　梁宇滔

　　　　汤伟文　　吴丽锋　　蒋　婷

国家高技能人才培训基地系列教材

客房服务员（中级）

KEFANG FUWUYUAN

主　编 ◎ 童亚莉

副主编 ◎ 董韵捷

暨南大学出版社

JINAN UNIVERSITY PRESS

中国·广州

图书在版编目（CIP）数据

客房服务员：中级／童亚莉主编；董韵捷副主编．—广州：暨南大学出版社，2016.12
（国家高技能人才培训基地系列教材）
ISBN 978 - 7 - 5668 - 1894 - 2

Ⅰ.①客…　Ⅱ.①童…②董…　Ⅲ.①饭店—商业服务—高等职业教育—教材
Ⅳ.①F719.2

中国版本图书馆 CIP 数据核字（2016）第 161939 号

客房服务员：中级
KEFANG FUWUYUAN：ZHONGJI
主编：童亚莉　副主编：董韵捷

出 版 人：徐义雄
责任编辑：曾鑫华　高　婷
责任校对：郭海珊
责任印制：汤慧君　周一丹

出版发行：暨南大学出版社（510630）
电　　话：总编室（8620）85221601
　　　　　营销部（8620）85225284　85228291　85228292（邮购）
传　　真：（8620）85221583（办公室）　85223774（营销部）
网　　址：http：//www.jnupress.com　http：//press.jnu.edu.cn
排　　版：广州市天河星辰文化发展部照排中心
印　　刷：深圳市新联美术印刷有限公司
开　　本：787mm×1092mm　1/16
印　　张：10.25
字　　数：236 千
版　　次：2016 年 12 月第 1 版
印　　次：2016 年 12 月第 1 次
定　　价：26.00 元

（暨大版图书如有印装质量问题，请与出版社总编室联系调换）

总　序

  国家高技能人才培训基地项目，是适应国家、省、市产业升级和结构调整的社会经济转型需要，抓住现代制造业、现代服务业升级和繁荣文化艺术的历史机遇，积极开展社会职业培训和技术服务的一项国家级重点培养技能型人才项目。2014 年，广州市轻工技师学院正式启动国家高技能人才培训基地建设项目，此项目以机电一体化、数控技术应用、旅游与酒店管理、美术设计与制作 4 个重点建设专业为载体，构建完善的高技能人才培训体系，形成规模化培训示范效应，提炼培训基地建设工作经验。

  教材的编写是高技能人才培训体系建设及开展培训的重点建设内容，本系列教材共 14 本，分别如下：

  机电类：《电工电子技术》《可编程序控制系统设计师》《可编程序控制器及应用》《传感器、触摸屏与变频器应用》。

  制造类：《加工中心三轴及多轴加工》《数控车床及车铣复合车削中心加工》《Solid-Works 2014 基础实例教程》《注射模具设计与制造》《机床维护与保养》。

  商贸类：《初级调酒师》《插花技艺》《客房服务员（中级）》《餐厅服务员（高级）》。

  艺术类：《广彩瓷工艺技法》。

  本系列教材由广州市轻工技师学院一批专业水平高、社会培训经验丰富、课程研发能力强的骨干教师负责编写，并邀请企业、行业资深培训专家，院校专家进行专业评审。本系列教材的编写秉承学院"独具匠心"的校训精神、"崇匠务实，立心求真"的办学理念，依托校企合作平台，引入企业先进培训理念，组织骨干教师深入企业实地考察、访谈和调研，多次召开研讨会，对行业高技能人才培养模式、培养目标、职业能力和课程设置进行清晰定位，根据工作任务和工作过程设计学习情境，进行教材内容的编写，实现了培训内容与企业工作任务的对接，满足高技能人才培养、培训的需求。

  本系列教材编写过程中，得到了企业、行业、院校专家的支持和指导，在此，表示衷心的感谢！教材中如有错漏之处，恳请读者指正，以便有机会修订时能进一步完善。

广州市轻工技师学院

国家高技能人才培训基地系列教材编委会

2016 年 10 月

前　言

《国务院关于大力推进职业教育改革与发展的决定》中明确指出：要严格实施就业准入制度，加强职业教育与劳动就业的联系。与此同时，职业资格证书已逐步成为各级各类职业院校学生求职就业的"通行证"。

为了推动客房服务员职业培训和职业技能鉴定工作的开展，以国家职业标准为依据，衔接行业及各类职业院校学生专业学习和鉴定考核要求，针对参加职业技能鉴定的学生群体以及酒店客房服务从业人员，编写了本书。

《客房服务员（中级）》以国家职业技能鉴定考核要求为依据，突出职业资格培训特色，分为理论知识和操作技能两大部分。主要突出基础通用知识与职业技能鉴定考核要求二者合一，并编入四级客房服务员的理论考核和实操技能考核国家题库真题，适用于四级客房服务员的职业资格培训，是国家职业技能鉴定推荐辅导用书。

《客房服务员（中级）》由广州市轻工技师学院商贸旅游产业系酒店服务与管理专业教师编写，并由童亚莉老师担任主编，董韵捷老师担任副主编。

由于编者水平有限，编写时间紧迫，不足之处在所难免，恳请广大读者提出宝贵意见和建议，以便日后修订完善。

编　者

2016 年 10 月

目 录
▶▶ CONTENTS

第一部分　理论知识

第二部分　操作技能

第一部分　理论知识

模块 1

职业道德

精讲 1 职业道德基本知识

一、道德与职业道德

1. 道德的内涵

通常讲的道德是指人们在一定的社会里，用于衡量、评价一个人的思想、品质和言行的标准。它的确切含义是：人类社会生活中依据社会舆论、传统习惯和信念，以善恶评价为标准的意识、规范、行为和活动的总和。从其含义可以看出，道德的特性是依据社会舆论、传统文化和生活习惯来判断一个人的道德品质的，它不是由专门机构制定、专门机构执行的一种规范，而主要是依靠人们自觉的信念来维持的。

2. 职业道德的概念

职业，就是人们在社会生活中所从事的相对稳定并作为主要生活来源的工作，同时也是每个劳动者在社会中的具体角色。职业道德是人们在长期的职业活动中形成的行为准则和规范的总和。它与国家的法律、法规不同，它是以意识形态存在于职业活动中的、不成条文的行为原则，是由人们的职业责任感、职业义务感和社会舆论的影响来保证的。

3. 职业道德的特点

社会主义职业道德的精髓是爱岗敬业、无私奉献、团结协作、遵纪守法、精益求精、勇于创新。随着我国步入社会主义市场经济，特别是加入世贸组织后，为建立健康有序的市场竞争环境，职业道德的内容也在不断丰富，增加了不少内容，如保守商业机密、保护知识产权、不出卖本企业利益、避免不正当竞争等。职业道德的特点主要表现在：

（1）职业道德具有鲜明的行业特性。职业道德不是指一般概念的社会公德，而是指带有行业特性的道德。每种职业都担负着一种特定的职业责任和职业义务，由于各种职业的职业责任和职业义务不同，从而形成其各自特点的职业道德的具体规范。

（2）职业道德具有发展的历史继承性。职业道德由于历史的继承，形成了它的连续性。时代在前进，历史在延续，今天形成的职业道德也随着社会主义现代化建设的步伐，必将不断得到充实、提高，从而达到更高的境界。

（3）职业道德表达形式多种多样。由于各种职业道德的要求都较为具体、细致，因此其表达形式多种多样，往往采取诸如制度、守则、须知、保证、条例等多种形式。

（4）职业道德与企业各项规章制度之间的一致性和互补性。一方面，企业是靠人经营的，人是经营的主体，而驱动人们行为的内在根源在于职业道德所规范的、人们共同追求的价值、信念和思维方式，所以职业道德的原则和企业为保障其发展所规定的一系列规章制度的精神实质是一致的；另一方面，遵守职业道德主要靠人们的自觉性，而遵守规章制度则有一定的强制性。因此，从业人员的道德自觉性越高，就越能遵守规章制度，而这种良好的法制观念和组织纪律性又有助于提高从业人员的道德修养。可见，职业道德与企业的规章制度之间，又有相辅相成、相得益彰的互补性。

4. 职业道德的衡量

人们对职业道德的评价和衡量，主要是通过个人信念、传统习惯和社会舆论等方式进行的。

（1）个人信念存在于人们的内心世界，是一种被人们普遍接受的道德准则和真诚信仰，也就是人们常说的良知。个人信念是一种长期教育、培养的结果。在职业生活中，职业道德教育表现为一个先内化、再外化的过程。首先，它是道德的"内化"：通过把学到的道德知识、规范用于陶冶自身情操。其次，它通过"外化"，把人们所形成的职业道德信念转化为自觉的职业道德行为，并且通过从业人员的作为，去促进自身工作环境乃至整个社会环境的改善。

（2）传统习惯是一种人们在长期的社会生活中形成的，具有相对稳定性和广泛认同感的心理趋势。与个人信念相比，它是一种更为长期的、稳定的社会心理，是一种社会群体行为，积极的传统习惯有助于形成和保持全社会优良淳朴的民风和行业风气。

（3）社会舆论主要是指社会公众的心理倾向和议论评价，以及报刊、广播、影视、文学艺术等宣传工具创造的社会舆论环境，它们共同对人们的意识和行为产生强大的社会影响力。个人信念是一种内在的规范方式，而社会舆论和传统习惯则是一种来自外部的约束力。

二、饭店职业道德

饭店职业道德是饭店企业及其从业人员在经营、服务活动中约定俗成的行为规范和准则的总和。

1. 饭店职业道德的特点

与其他行业相比较，饭店职业道德具有以下显著特点：

（1）国际性。饭店业属于外向型行业，从其出售的产品、面向的市场，以及接待的主要消费客源和旅游消费方式来划分，具有明显的国际化特征。而且，随着改革开放的深入和中国加入世贸组织，饭店业的国际化、中外合资、外商独资饭店的增多，外籍员工也参与了饭店的经营管理。

（2）服务性。饭店业是与人打交道的行业，以出售餐饮、住宿、康乐等服务为主要业务。饭店从业人员从事的服务工作是一种面对面的双向交流过程，体现的是从精神到物质对客人无微不至的关怀。无论是经营理念、管理方式，还是操作规程、服务标准，饭店企业及其从业人员都应当充分体现服务精神，主动为客人提供帮助。

（3）安全性。对于出门在外的客人来说，饭店是客人的"家外之家"。饭店作为客人的临时居所，除了为客人提供所需要的服务外，还应做好安全保卫工作，确保客人住店期间的安全。

（4）具体工作的差异性、多样性。饭店是一个服务综合体，根据其经营内容、服务岗位的不同，具体工作也存在一定的差异性、多样性。例如，客房服务员和前厅服务员所承担的工作和责任就有共同之处，但因岗位不同又有所区分。

（5）社会公益性。饭店业是以自己的服务产品直接面对客人的产业，同时也与该地区的社会以及其他国家和地区的社会有着千丝万缕的联系。饭店在其经营过程中，必须处理好这些关系，创造良好的发展环境，为社会公益作出应有的贡献。

2. 饭店职业道德建设的重要性

（1）饭店职业道德建设是推动饭店物质文明建设的重要力量。中国旅游业已发展到了文化竞争、特色竞争、品牌竞争的阶段，特别是随着全球经济一体化的推进，竞争无国界化进一步加深，许多世界著名品牌也都涌向中国，加入竞争行列之中。当前，不同的企业文化和职业道德建设正在成为中外企业进行争夺和抗衡的关键领域。加强饭店职业道德建设可以促使饭店经营者和从业人员遵纪守法，在市场公平竞争中严格自律、专心致志地发展自己，同时处理好与相邻企业和竞争对手的关系，不去侵犯别人的权益。

（2）职业道德建设是形成饭店良好形象的重要保证。饭店形象是品牌的一种体现。消费者对品牌的认可度、信任度、忠诚度都直接影响饭店企业的经营。饭店员工的职业道德素质优劣直接关系到饭店的形象。所以，一个饭店是否重视职业道德建设，是否成功地引导、鼓励员工以良好的职业道德风貌诚招天下客，形成具有自己特色的企业文化氛围和领先于同行业的职业道德风尚，将决定其能否在竞争中取得独特优势。

（3）职业道德建设是建立高素质员工队伍的基础。人的职业生涯，是社会价值与自我价值同步实现的过程。在饭店的经营活动中，职业道德不仅表现为员工的自我完善，而且表现为职业道德群体意识的建立。特别是在市场经济的新形势下，饭店管理层应把员工真正作为企业的成员而不是单纯的雇员来对待，引导、激发员工的参与意识和自我价值的实现意识，提升"以人为本"的企业文化竞争力，创造理解人、尊重人、培育人、人尽其才的价值观和良好的文化氛围，全面提高员工素质，充分发挥员工的聪明才智和创造精神，从而创造一支有理想、有道德、有文化的高素质员工队伍，实现由单纯制度管理向制度管理与文化管理、道德管理相结合的转变，努力寻求企业目标与员工目标的一致性，建立双向沟通与信任，在员工中形成"我与饭店同舟共济，饭店与我共同发展"的价值取向，形成内求团结、外求发展的凝聚力和向心力，将企业精神、经营理念、职业道德、员工信念和各种规章制度，由企业家的追求变成全店上下的共同意志。

精讲 ② 职业守则

饭店员工的职业守则主要有：热情友好、宾客至上；遵纪守法、诚实守信；文明礼貌、优质服务；以客为尊、一视同仁；团结协作、顾全大局；钻研业务、提高技能；安全操作、注重环保。

一、热情友好、宾客至上

出售良好服务产品的一项重要内容，是为宾客提供各种便利，让宾客从生理到心理全方位享受。这种服务已经成为衡量一个饭店经营管理和服务水平的重要标志。

热情友好是一种道德情感，它要求饭店员工在对客服务工作中投入积极的个人情感，对每一位客人心怀感激之情，主动热情、耐心周到地为客人提供优质服务，使客人从服务人员的一言一行、一举一动中深切感受到自己受到欢迎、重视、尊重，从内心享受到饭店带给自己的轻松和愉悦。热情友好是树立良好的饭店形象、吸引回头客的条件之一，是培育"忠诚"顾客所必须有的服务态度。

宾客至上是指在饭店接待与服务中，一切都要以客人为中心，一切为客人着想，一切服务要以客人满意为标准，这是每一位饭店员工应尽的职业责任和道德义务。

二、遵纪守法、诚实守信

遵纪守法、诚实守信是饭店职业道德的一项重要规范，既是行政和法律规范的要求，又是道德规范的要求。两者的区别在于：作为行政和法律规范，遵纪守法、诚实守信是一种带有强制性的要求；作为道德规范，遵纪守法、诚实守信是一种自觉性的要求，而且是一种重要品德。从根本上讲，遵纪守法、诚实守信也是集体主义原则的一种体现。法律和职业道德共同构筑了两道职业秩序保护线：法律是维护社会秩序的底线，通过国家行政部门和执法部门的强制手段确保执行；职业道德是法律基本要求之外，企业或者行业内为保证正常的工作秩序，全体从业人员约定俗成、共同认可的公约，或者由管理部门或组织制定、颁布的纪律和规定，按职责要求予以履行。

诚实守信是处理饭店业与消费者之间实际利益关系的行为准则。它要求每一位饭店员工都必须认真维护客人的实际利益，作到真诚相待、办事公道、讲究信用、不弄虚作假、不欺骗或刁难客人。

1. 按质论价、收费合理

饭店业是高投入、高消费行业，客源和行业性质决定了其消费水平要高于社会平均水平。所以，同样的商品在饭店里的销售价格往往高于市场零售价格。这是因为饭店产品定价中包含了一部分看不见的价值，如环境空间的价值、服务人员附加劳动的价值等。

2. 诚实守信、知错必改

饭店要想真正赢得客人尤其是回头客，诚实守信十分重要。我们在工作中由于工作经验有限或粗心大意等原因，不可避免地会犯错误。当这个错误涉及客人的利益时，饭店有关人员除了要立即纠正、采取补救措施外，还应当主动向客人表示歉意，争取客人的谅解。这样做会让客人觉得这家饭店诚实、不虚伪，给客人留下好印象。客人最讨厌、最不能容忍的就是做错了事不肯承认，反而找各种理由推卸责任。

三、文明礼貌、优质服务

服务人员的文明礼貌是指服务人员出于对客人的尊重和友好，在服务中注重礼仪、礼节，讲究仪表、举止、语言，执行服务操作规范。文明礼貌是服务人员主动、热情、周到服务的外在表现，是客人在精神上能感受到的服务形式。文明礼貌要求服务人员做到：站立服务，举止大方；微笑服务，表情真切；敬语服务，说话和气；真诚服务，态度和蔼。

四、以客为尊、一视同仁

1. 顾客是上帝

新世纪的服务是以客人需求为中心的服务，因此，需要我们去创造一种全新的服务模式，这就是规范化服务与个性化服务相结合的模式。我们的服务工作不仅要到位，还要针对客人的需求，不断深化、细化，创造出更多的服务项目和内容，以适应多样化、个性化的客人需求。

2. 来者都是客

树立"顾客是上帝"的观念，首先要解决对不同身份、地位的客人一视同仁的问题，同时这也关系到职业道德的根本问题之一。在工作中，我们应避免以貌取人、以关系或权利定亲疏等现象的出现。

五、团结协作、顾全大局

饭店对客服务工作是一个有机的整体，并非某个部门或某一个人作好就能完成的。因此，同事之间、部门之间、上下级之间要相互理解、相互支持、团结协作。

1. 团结友爱、互相尊重

作为一名饭店员工，应当为人正直、谦虚谨慎、戒骄戒躁、严于律己、宽以待人；要互相尊重，善于听取别人的意见，取人之长补己之短；要重事业、淡名利，作到不利于团结的话不说，不利于团结的事不做，共同创造一个良好的工作环境。

2. 密切配合、互相支持

（1）理顺管理体系，健全机制。避免或减少职能交叉，严格贯彻执行垂直领导、逐级负责的经营管理责任制，作到职责明确，各司其职，分工不分家。

（2）坚持规范化和制度化管理。注意加强岗位之间、工种之间、部门之间的横向联系和沟通，建立正式的沟通渠道，互通情报，交流经验，快速反应，协调合作。

（3）树立全局意识、合作意识、换位意识。建立和完善一线为客人、全店为一线的"一条龙"服务链，共同创造一个良好的服务待客环境。

3. 发扬风格、互相关心

饭店业是以提供劳务为主要手段的服务性行业，加之客人的流动性大、要求高，所以工作是比较辛苦和劳累的。这就特别需要员工之间应当宽宏大量，具有包容性，提倡把方便让给别人，把困难留给自己的做事风格；提倡换位思考，互相关心体谅，工作出了纰漏，要先行补救，再追查责任，而不是文过饰非、互相推脱、互相指责，以减少不必要的"内耗"。

六、钻研业务、提高技能

饭店管理者必须提倡刻苦钻研业务技术，鼓励发明创新；员工也应当树立积极进取的劳动态度，努力做到精益求精、一专多能，这对于提高职业技能和工作效率具有十分重要的作用。

1. 要有崇高的职业理想和坚强的道德意志

崇高的职业理想是人生的精神支柱，是人生奋斗的目标，也是人生前进的动力。实现职业理想的过程，就是从业者追求人生价值的过程。因此，在职业生活中，树立正确的职业理想，并付之以坚强的道德意志，是引导和帮助有志者走向成功的关键。

2. 具有强烈的职业责任感

职业责任感是饭店员工在职业活动中，对社会、对饭店、对客人所承担的义务，是社会和企业赋予员工的责任，是员工自觉把本职工作做好的主动意识。应该说，职业责任感是员工自觉地将自己的人生价值与本职工作完美结合的一种高尚境界。

3. 要有正确的途径和方法

钻研业务、提高技能、争取成为事业的成功者是许多青年的理想。要想取得成功，需要做到热爱本职工作、用心专注、不怕吃苦、不断学习。

七、安全操作、注重环保

有资料表明，客房操作安全事故中有 70% 是由于服务员不遵守操作规程、粗心大意、工作不专心、精神不集中造成的，只有 30% 是由设备原因所致。因此，提高安全意识，安全操作，防止事故发生，逐步成为饭店员工的职业守则之一。

作好环保工作，对于饭店乃至全人类的生存和发展都有非常重要的意义。在环保意识高涨的今天，客房服务员在日常工作中为饭店节约"一滴水""一度电""一张纸"，都是注重环保的具体表现。

练习题

一、选择题

1. 职业道德的原则与企业为保障其发展所制定的一系列规章制度的（　　）是一致的。

    A. 条文　　　　　B. 要求　　　　　C. 精神实质　　　　D. 程序标准

2. 饭店要创造（　　）、人尽其才的价值观和良好的文化氛围。

    A. 塑造人、任用人、尊重人　　　　　B. 理解人、尊重人、培育人

    C. 提拔人、激励人、督导人　　　　　D. 培育人、管理人、使用人

3. 个人信念与社会舆论和传统习惯的不同之处在于：前者是一种（　　），后者是一种（　　）。

    A. 内在的规范方式；来自外部的约束力　　B. 精神的力量；社会的力量

    C. 自我评判；社会仲裁　　　　　　　　　D. 个人的道德标准；社会的道德标准

4. 规范化服务与个性化服务相结合模式有三个方面的特点：服务工作微观化、内拓化；服务工作宏观化、外延化；服务工作（　　）。

    A. 人性化、情感化　　　　　　　B. 细致化、体贴化

    C. 到位化、规范化　　　　　　　D. 扩大化、优质化

5. 职业道德是在法律基本要求之外，企业或者行业内为保证正常的工作秩序，全体从业人员约定俗成、共同认可的公约，或者由管理部门或组织制定、颁布的纪律和规定，要求（　　）履行。

    A. 从业人员一律必须　　　　　　B. 企业中的一部分人必须

    C. 行业中的某些人必须　　　　　D. 从业人员按职责要求予以

二、判断题

1. （　　）人们对职业道德的评价和衡量主要是通过个人信念、传统习惯和社会舆论作出的。

2. （　　）步入市场经济后，社会主义职业道德又增加了保守商业秘密、保护知识产权、不出卖本企业利益、避免不正当竞争等新内容。

3. （　　）宣传职业道德有利于协调从业人员的价值观、行为模式与企业领导管理要求之间的矛盾，力求取得一致。

4. （　　）当我们由于工作水平或粗心大意等原因给客人造成不便或损失时，饭店有关人员除了要向客人解释外，还应当主动向客人表示歉意，争取客人的谅解。

5. （　　）饭店员工在对客服务中，要始终满怀对客人的高度热忱，主动、热情、耐心、周到地为客人提供优质的服务。

计量知识

精讲 ① 法定计量单位

我国法定计量单位是在国际单位制单位的基础上，根据我国国情，适当选用一些非国际单位制单位构成的。

表 2 - 1 至表 2 - 4 为与饭店业服务工作有关的计量单位。

表 2 - 1　长度（length）

单位名称	单位符号	换算因素
微米	μm	0.000 001 m
毫米	mm	0.001 m
厘米	cm	0.01 m
分米	dm	0.1 m
米	m	—
千米	km	1 000 m

表 2 - 2　面积、土地面积（area）

单位名称	单位符号	换算因素
平方毫米	mm^2	0.000 001 m^2
平方厘米	cm^2	0.000 1 m^2
平方米	m^2	—
平方千米（平方公里）	km^2	1 000 000 m^2

表 2 – 3　体积（volume）

单位名称	单位符号	换算因素
立方厘米	cm^3	0.000 001 m^3
立方分米	dm^3	0.001 m^3
立方米	m^3	—

表 2 – 4　质量（重量）（weight）

单位名称	单位符号	换算因素
毫克	mg	0.000 001 kg
克	g	0.001 kg
千克	kg	—
吨	t	1 000 kg

精讲 ② 行业用计量器具管理和计价单位的使用

一、行业用计量器具管理

计量工作需要凭借一定的工具，也就是计量器具。因此，所使用计量器具的合法性、准确性，关系到计量工作的准确性和有效性。《中华人民共和国计量法》规定：使用计量器具不得破坏其准确度，损害国家和消费者的利益。进口的计量器具，必须经省级以上人民政府计量行政部门检定合格后方可销售。

客房服务工作中，使用到的计量器具较少。卫生间使用的客用体重秤仅供客人作健康参考，不属于强制检定范围。但是，服务人员为保证服务质量，应当每周至少调校一次，提高其精确度。客房内使用的温度计、湿度计以及与空调连接的自动温控装置应当定期检查，确保读表准确。使用消毒液浸泡消毒时，配制消毒水应使用标准计量器具，严格执行消毒配比标准，确保安全有效。

二、行业用计价单位的内容及使用

行业用计价单位是指在本行业内通行的、被消费者普遍认可的计价方法所依据的计价单位。在饭店业中经常使用的计价单位主要包括三大系列：出租空间的计价单位、出售一般商品的计价单位、出售服务商品的计价单位。

1. 出租空间的计价单位

（1）客房租金计价单位。饭店客房租金一般以"间/天（日）"为计价单位。"间"

是空间概念，是指不可分割的最小出租单元，可以是一个单间标准房，也可以是一个不可拆分的套房。可拆分的大套房和连通房可按照出租形式分别采用整套价或拆分价。"天（日）"是时间概念，是客房计价的基本时间单位，指客人对付费房间拥有使用权的时间长度。客房出租的天（日）不是简单的 24 小时概念，而是每过一夜为一天（日）。按照饭店业的通行做法，客人离店结账只要未超过中午 12 点，当日房费不计。

（2）公寓租金计价单位。饭店附设的公寓租金计价单位有"套/日""套/月"两种。一般来说，"套/月"计价单位只适用于长年包租的承租对象。

（3）写字间租金计价单位。饭店内的写字间租金一般以"平方米（m²）/日"为计价单位，有时也可按"平方米（m²）/小时"计价。

（4）会议、展览场地租金计价单位。一般性会议、展览场地租金以"场/次"为计价单位。"场"是指可利用的空间单元，按面积、档次、朝向、设施等区别定价；"次"是指可利用的时间单元，一般每次为 4 小时。

连续性会议和展览，一般要历时多天，甚至需要在一段时间内包租场地，可以"场/日"为计价单位。"日"的计算以每日中可利用的"次"数为依据，一般 2—3"次"换算为 1"日"。

（5）商场、铺面租金计价单位。商场、铺面租金，一般是短期包租以"平方米（m²）/日"为计价单位；长期包租以"平方米（m²）/月"为计价单位。

（6）汽车泊位租金计价单位。汽车泊位一般按"泊位/日"或"泊位/月"为计价单位。"日"按 24 小时计算；"月"按 30 日计算。临时泊位一般按"泊位/小时"为计价单位。

（7）宴会、便餐租金计价单位。宴会、便餐使用单独的厅堂或包间一般不再另行收取租金。在需另收场地租金时，一般以"间/次"为计价单位。"间"需考虑面积、档次、朝向、通风、设施条件等；每"次"为 2 小时或 4 小时，依各饭店情况自定。

2. 出售一般商品的计价单位

（1）烟酒食品计价单位。饭店内商品柜台出售的烟酒食品，一般为包装食品，以"包""瓶""袋""盒"等最小零售单位为计价单位；出售散装食品如水果等，应以"克（g）"或者"千克（kg）"为计价单位。

餐厅柜台出售的可供客人带走的食品，如面包、点心、熟食、肠类等，一般以"克（g）"或者"千克（kg）"为计价单位；如果是自加工产品并已包装好的，也可按包装单位"包""袋""盒"为计价单位。

（2）其他商品计价单位。其他商品应以最小零售单位"件""套"为计价单位。

（3）客房迷你吧商品计价单位。客房迷你吧商品一般采用该商品的最小包装，以"瓶""听""袋"等作为计价单位。价目表一般采用中英文对照，放置于迷你吧的显眼位置，以保证交易公平。

3. 出售服务商品的计价单位

服务商品的计量具有较大的弹性，有些很难找到客观标准，应特别注意增强科学性，减少盲目性，杜绝随意性。

（1）出租汽车计价单位。饭店自营的出租汽车、礼宾汽车出租价格主要考虑车型或排气量、里程等因素。汽车租金一般以"台/千米"为计价单位。在一段时间内包租车辆的租费以"台/天（日）"为计价单位。

（2）宴请、集会计价单位。

①以"人"作为计价单位。饭店根据主办单位的人均招待标准酌情编制菜单，如每人餐费标准为××元。

②以"桌（10或12人）"为计价单位。一般饭店事先编制一套标准菜单系列，区分为不同价位、档次。主办方按菜单进行选择或自行点菜后确定每桌价位，并以此按每桌××元计价。

宴请、集会使用的酒水以"瓶""听""盒"等为计价单位。如果主办方为了便于控制招待费用，要求将酒水与餐费统一结算，双方协商确定招待酒水品种和人均用量后，以"人"为计价单位。

（3）娱乐、健身计价单位。娱乐、健身一般均需依托一定的器械设备和场地，其计量方式主要以"人（位）/小时""台/小时""局""场"等为计价单位。

（4）餐饮计价单位。餐饮有零点、套餐、自助餐等不同形式，因此，计价单位也应依情况分为多种形式。

①零点方式以菜品的"份""例""盘"等为计价单位，主食、点心等也有以"碗""个""只"等为计价单位的。

②套餐、日餐定食等方式一般以"份""套"为计价单位。

③自助餐方式以"人（位）"为计价单位。另外，团队免费自助早餐一般使用餐券，每券一人，以"券"为计价单位。

（5）送餐服务计价单位。送餐服务有零点和套餐两种方式。零点方式以"份"为计价单位；套餐方式以"套"为计价单位。

练习题

一、选择题

1. 进口的计量器具必须经（　　）以上人民政府计量行政部门检定合格后方可销售。

    A. 县级　　　　　　B. 省级　　　　　　C. 地级　　　　　　D. 区级

2. 送餐服务（room service）有（　　）两种方式：前者以"份"为计价单位；后者以"套"为计价单位。

    A. 中餐和西餐　　B. 零点和套餐　　C. 早餐和正餐　　D. 现金和记账

3. 饭店内的写字间租金一般以（　　）为计价单位，写字间的面积一般经实地测量后在租赁合同中确认。

    A. 平方米/月   B. 平方米/日   C. 间/月   D. 套/月

4. 客房迷你吧商品一般均采用该种商品的最小包装，以"（   ）"等作为计价单位。

    A. 分量   B. 种类   C. 瓶、听、袋   D. 份、盒、个

5. 在饭店业中经常使用的计价单位主要包括三大系列：出租空间的计价单位、（   ）的计价单位、出售服务商品的计价单位。

    A. 出售一般商品   B. 出租一般商品   C. 出售房间   D. 出售餐饮服务

二、判断题

1. （   ）宴请费用价格的确定主要依据宴请招待标准和与会人数。因地区不同，目前使用的主要有按"人"和"桌"两种计价单位。

2. （   ）自助餐的特点是设有服务员为客人服务的一种用餐形式。

3. （   ）连续性会议和展览一般要历时多天，甚至需要在一段时间内包租场地，可以"场/日"为计价单位。"日"的计算以每日中可利用"次"数为依据，一般6"次"换算为1"日"。

4. （   ）饭店客房租金一般以"间/天（日）"为计价单位。

5. （   ）一般性会议、展览场地租金以"小时/次"为计价单位。

客房产品知识

精讲 **1** 客房的种类和功能布局

一、客房的种类

1. 按房间的等级划分

（1）标准间（standard room）。根据标准间装饰布置的不同特点，又可分为高级两人间（superior twin）、豪华两人间（deluxe twin）、普通两人间（twin room）等类型。

（2）套间（suite）。套间通常由两间或两间以上的房间组成，按照不同的使用功能及室内装饰、配备用品标准等又可分为普通套间（junior suite）、商务套间（business suite）、立体套间（duplex suite）、豪华套间（deluxe suite）、总统套间（presidential suite）。

2. 按房间床的种类划分

（1）单床间（single room）。此类房间面积最小，房内只配置一张单人床，适合从事商务、旅游的单身客人租用。为了让客人住得更舒适，许多饭店在单人房中放置一张小双人床（1.4 m×2 m 或 1.5 m×2 m）。

（2）大床间（double room）。此类房间放置一张双人床（1.8 m×2 m 或 2.0 m×2 m），适合夫妇或商务客人租用。近年来，随着商务客人的增多，不少星级酒店将大床间改作商务间，房内配备相应的商务设施设备，如宽带上网、宽大的办公桌椅、小型传真机等。

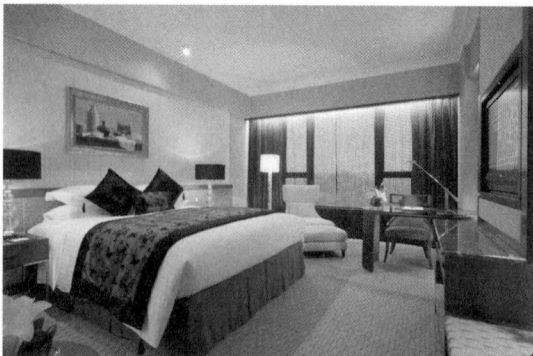

图 3-1　大床间

（3）双床间（two-bed room）。此类房间放置两张单人床，可住两位客人。此类房间一般用来安排旅游团队或会议客人。为提高出租率和方便客人，有些饭店在两张单人床中间配备活动的床头柜或者干脆不放置床头柜，在大床间供不应求时，将两张单人床合并为大床，即可作为大床间出租。

为使客人住得更舒适，一些饭店在房间放置两张双人床，这种房间称为 double-double room，此类客房面积比普通单间客房大。

（4）三床间（triple room）。此类客房放置三张单人床，一般档次稍低的饭店有此类客房，主要是以出租床铺为主。

3. 按房间所处的位置划分

按房间所处的位置可分为内景房（inside room）、外景房（outside room）、角房（corner room）、连通房（connecting room）。

4. 套间客房

套间客房由两间或两间以上的房间、卫生间和其他设施组成，主要有以下几种：

（1）普通套房。普通套房又称双套房，一般是连通的两个房间，一间作为客厅，另一间作为卧室，配有一张双人床或两张单人床。

（2）多套间。多套间一般由3—5间或更多的房间组成，有两个卧室，各带卫生间，还有会客室、客厅、工作室及厨房等，卧室内设有特大双人床。

（3）组合套间。组合套间是一种根据需要专门设计的房间，每个房间都有卫生间。有些组合套间由两个对门的房间组成，有些由可以上锁的相邻两个房间或三个房间组成。

（4）豪华套间。豪华套间布置比较豪华，可以是双套房，也可以是三间套房。三间套房通常由卧室、起居室、餐厅等组成，卧室中配备大号双人床或特大双人床。

（5）总统套房。总统套房一般是三星级以上的饭店才有，它标志着该饭店已具备接待总统的条件和能力。总统套房由多个房间组成，有总统卧室、夫人卧室、随员卧室、警卫室、会议室、客厅、书房、餐厅和厨房等。

二、床的种类

饭店客房床的种类可从尺寸、性能、形状、材质等方面进行划分。

1. 基本类型

基本类型包括单人床、双人床、大号双人床、特大双人床等（见表3-1）。

2. 特殊类型

特殊类型包括沙发床、隐壁床、婴儿床、折叠床等。

表 3 − 1　各种床的规格

类型	长度（厘米）	宽度（厘米）
单人床（single bed）	190	100
双人床（double bed）	200	140 或 150
大号双人床（queen-size bed）	205	165
特大双人床（king-size bed）	210	180
折叠床（rollaway bed）	200	100
婴儿床（baby cot）	130	60

三、客房的功能布局

客房是一个私密、放松、舒适的，浓缩了休息、私人办公、娱乐等诸多使用要求的功能性空间。客房主要分为以下五个功能区：

1. 盥洗空间

盥洗空间即卫生间，主要设备有浴缸、坐便器和洗脸盆，俗称"三缸"。卫生间还应有通风换气设备，地面还应有泄水的地漏和定门器。

2. 储存空间

储存空间主要指壁柜和酒柜。壁柜通常设在客房入口处，壁柜长度各饭店因客房空间而定，但进深不应少于 50 厘米。为了挂衣方便，高度不应低于 180 厘米，挂衣杆上方空间也不应小于 10 厘米。酒柜上层摆放各种酒水、酒具、茶水具、酒水单、小食品等，下面为储存饮料的小冰箱。

3. 睡眠空间

睡眠空间是整个客房中面积最大的区域，主要家具是床和床头柜。为了使床能经久耐用，靠卫生间的床应与墙保持最小 10 厘米的距离，同时，还要定期翻转床垫。床头柜的台面上应放置电话、便签纸和笔。

4. 书写、梳妆空间

书写、梳妆空间位于睡眠空间的对面，通常沿墙放置一长条形的多功能柜桌。写字台和写字椅用于客人办公、写字、存放物品，一般置于明亮区。梳妆台的墙上应装一面大镜子，高度适宜，并装有照明灯以提高亮度。

图 3 – 2   客房书写空间

5. 起居空间

起居空间应在标准间的窗前区。这里放置沙发椅、茶几,供客人休息、会客、饮食等。

精讲 ② 客房设备和客房用品

客房设备和客房用品是保证客房部正常运转必不可少的物质条件,饭店要依据经济合理的原则,选择配备与客房档次相适应的设备用品。

一、客房设备

根据用途,客房设备分为家具类、电器类、卫生洁具类和安全设备。

1. 家具类

客房内主要配有床、床头柜、写字台、靠背椅、沙发、电视机柜、行李柜、衣柜、活动衣架等家具。

2. 电器类

客房内配备的电器设备主要有空调、小冰箱、电视机、电吹风、灯具、音响等,一些高档客房还有熨斗。灯的样式、色调要与室内墙面、窗帘、床罩、沙发面、台布等相协调。室内有两个以上的台灯时,还应注意色彩和式样的统一。

3. 卫生洁具类

客房卫生洁具主要有淋浴间、浴缸、坐便器、洗脸盆,高档客房内还装有净身器。

4. 安全设备

为了保证客人和饭店的安全，客房内必须配备安全装置，如烟感报警器、温感喷淋头、安全指示图等，其他安全装置还有窥视镜、防盗链、防毒面罩、安全指示灯、私人保险箱、卫生间紧急呼救按钮等。

二、客房用品

客房用品包括一次性消耗用品及多次性消耗用品。一次性消耗用品是指提供给客人一次性消耗使用或用作馈赠客人而供应的客房用品，如香皂、茶叶、梳子等，也称供应品。多次性消耗用品是指客人不能带走的，供客人反复使用的客房用品，如布草、酒具、衣架等，也称客房备品。

1. 房间用品

（1）衣橱部分：衣架、浴衣、洗衣袋、洗衣单、鞋拔、鞋筐等。

（2）小酒吧部分：各种酒杯、冰桶、冰桶夹、杯垫、餐巾纸、调酒棒、饮料食品单、各式酒水饮料等。

（3）写字台部分：酒店介绍、服务指南、宾客意见书、烟灰缸、各种信封、信纸、明信片、传真纸、行李箱标贴、火柴等。

（4）茶几部分：烟灰缸、火柴等。

（5）床头柜部分：电话、常用电话号码卡、便签纸、笔等。

（6）床上用品：被子、褥垫、床单、枕芯、枕套、床裙等。

2. 卫生间用品

（1）云石台（台面）：漱口杯、面巾纸、六小件、小方巾等。

（2）坐便器（旁）：备用手纸、女宾袋、垃圾桶、体重秤等。

（3）浴缸（旁）：浴巾、地巾等。

图 3-3　客房卫生间用品

3. 装饰用品

客房内的装饰用品主要有窗帘、沙发套、椅套、花边垫布、靠垫、床裙、床罩等。窗帘除了装饰房间，还有调和光线、御寒遮阳、屏蔽外来视线、美化室内环境、增强客人心理上的安全感的作用，还能在一定程度上起到隔音的效果。

以标准双床间为例，客房用品的配备标准及摆放要求见表3-2和表3-3。

表3-2 卧室客用物品的配备

摆放位置		物品名称	数量	摆放要求	备注
门后把手		"请勿打扰"牌	1张	挂在门后把手上	开夜床时，可将"请勿打扰"牌放在床头柜上
		"请即打扫"牌	1张		
衣橱		防毒面罩	1个	各种用品摆放要整齐有序、美观大方，方便客人取用。	酒店拖鞋、擦鞋布放在床头柜下面；酒店洗衣袋和洗衣单放在写字台的抽屉里
		备用被子	2张		
		备用枕头	2个		
		衣架	8—12个		
		鞋筐	1个		
		拖鞋	2双		
		擦鞋布（擦鞋器）	2块（个）		
		浴袍或浴衣	2件		
		鞋拔	1个		
		衣刷	1把		
		洗衣袋	2个		
		洗衣单	2份		
客房小酒吧	电冰箱	软饮料	若干种		根据酒店星级的不同，饮料配备种类和数量不同
		食品	若干种		
	吧台	酒杯	若干个		
		杯垫	每杯1张		
		调酒棒	2根		
		餐巾纸	若干张		
		冰桶	1个		
		冰桶夹	1把		
		食品	若干种		
		小酒吧记账单	2份		
		饮料食品单	1张		

（续上表）

摆放位置		物品名称	数量	摆放要求	备注
客房小酒吧	茶具柜	电热水壶	1个	柜面整洁	高档客房还可配袋装咖啡、咖啡伴侣、糖
		茶盘	1个		
		茶杯	2个		
		茶叶盅	1个		
		茶叶	红、绿茶叶各2包		
写字台上		台灯	1个		服务指南可放在文具夹内或抽屉内
		服务指南	1本		
		烟灰缸	1个		
		火柴	1盒		
写字台抽屉内		文具夹	1个	各种用品摆放要整齐有序、美观大方，方便客人取用	为摆放整齐，大部分的文具用品可放在文具夹内
		酒店介绍	1本		
		安全须知	1本		
		早餐牌	1张		
		信封	4个		
		信纸	5张		
		明信片	1—5张		
		电传、传真纸	各2张		
		行李箱标贴	2张		
		宾客意见书	2份		
		针线包	2个		
		圆珠笔	1支		
		礼品袋	2个		
写字台旁		垃圾桶	1个		
电视机柜		电视节目单	1份	放置在电视机上	开夜床时，将遥控器放在床头柜上
		遥控器	1个		
茶几		烟灰缸	1个		
		火柴	1盒		

（续上表）

摆放位置	物品名称	数量	摆放要求	备注
床上（以一张中式床为例）	被子	1张	床上用品需按床铺整理要求和规格布置	
	被套	1张		
	枕芯	1对		
	枕套	2个		
	床单	1张		
	褥垫	1张		
	床裙	1张		
床头柜	便签夹	1个		非无烟房，床头柜上可放烟灰缸
	便签纸	5张		
	笔（多为铅笔）	1支		
	电话	1台		
	常用电话号码卡	1张		

表3-3　卫生间客用物品的配备

摆放位置	物品名称	数量	摆放要求	备注
云石台上	漱口杯	2个	各种用品摆放要整齐有序、美观大方，方便客人取用	
	小香皂	2块		
	肥皂碟	1个		
	小方巾	2条		
	牙膏、牙刷	2套		
	沐浴液	2瓶		
	洗发液	2瓶		
	浴帽	2个		
	梳子	2把		
	棉签	2盒		
	润肤露	2瓶		
	剃须刀	2把		
	面巾纸	1盒		

（续上表）

摆放位置	物品名称	数量	摆放要求	备注
云石台下	垃圾桶	1个	垃圾桶放在坐便器旁边	
	体重秤	1把		
毛巾架（云石台旁）	面巾	2条	悬挂端正，正面朝上	
毛巾架（浴缸上方）	小浴巾	2条	悬挂摆放	
	大浴巾	2条	折叠摆放	
浴缸（旁）	地巾	1条	平铺在浴缸前沿	
坐便器（旁）	备用手纸	1卷		
	手纸架	1个		
	手纸	1卷		
	女宾袋	1个	摆放于坐便器水箱上	

练习题

一、选择题

1. 客房软床摆放的位置应是（　　　）。

    A. 窗前摆放　　　B. 迎门摆放　　　C. 房间较暗处　　　D. 房间光线最暗处

2. （　　　）不是盥洗空间功能主要设备。

    A. 浴缸　　　　　B. 洗脸盆　　　　C. 吹风机　　　　　D. 坐便器

3. 套间的书房布置，除应配备（　　　）外，还应适当增加一些供工作、学习后小憩的家具。

    A. 沙发、茶几、电视　　　　　　B. 写字台、椅子

    C. 书写和阅读家具　　　　　　　D. 会客家具

4. 豪华套间卫生间应配备电话副机，摆有（　　　）或常青花草植物。

    A. 插花　　　　　B. 小盆景　　　　C. 一枝鲜花　　　　D. 绢花一束

5. 家具基本色调是根据所选家具的（　　　）来确定的。

    A. 材料　　　　　B. 档次　　　　　C. 价格　　　　　　D. 样式

二、判断题

1. （　　）睡眠空间的功能包括床与床头区域范围。
2. （　　）在家具的选择上，既要美观，又要舒适实用。
3. （　　）根据用途，客房设备分为电器类、家具类、卫生洁具类、安全设备等。
4. （　　）起居空间通常靠近门口，放置沙发、茶几，供客人休息、会客等。
5. （　　）多套间客房是两个房间、卫生间和其他设备组成的。

清洁设备与清洁剂

精讲 ① **一般清洁器具**

1. 扫帚

扫帚主要用于清扫地面较大的、吸尘器无法吸走的碎片和脏物，根据其用途、形状和制作材料的不同可分为四种。

（1）长柄扫帚。指人站立着便可使用的扫帚。长柄扫帚一般用高粱的穗子或其他植物的纤维（如竹子）制成。

（2）单手扫帚。指柄短、用单手即可操作的扫帚。构成材料与长柄扫帚相同。

（3）小扫帚。又称笤帚，用于掸去家具等表面灰尘，或清除席梦思（床）边沿和地毯边角的尘埃。

（4）头部可以自由转动的扫帚。头部由薄毛刷组成，安装在长柄上，可以自由转动。这种扫帚用于清洁地面，特别是扫房间各个角落，不易飞起灰尘。

2. 簸箕

用于撮起集中成堆的垃圾。可分为单手操作式簸箕、三柱式簸箕和提合式簸箕三种。

（1）单手操作式簸箕。用于撮脏水或碎垃圾。

（2）三柱式簸箕。提手由三根柱子组成，适合撮起较多的垃圾。

（3）提合式簸箕。又称改良式簸箕，其结构是盖和本体联动，拿到柄后，盖即自动关闭。提合式簸箕较为美观和方便，适合于巡回清扫房间。

3. 拖把

拖把是把布条束或毛线束安装在长柄上的清洁工具。现在大多装有环扣以免束带脱落，而且都由尼龙绳制成，以避免发霉和腐烂。拖把头大多可以拆卸，以便换洗。

（1）地拖。亦称水拖把，形状有圆头形和扁平形两种。扁拖的拖柄由木料或塑料制成，末端附有一个塑胶夹或金属夹，用以固定扁拖头。扁拖头最好用棉绒布制成，其特点是吸水性强，可以在狭窄地段灵活地使用。

（2）挤水器。又叫拧拖布器，是与地拖配套使用的器具，用于拧干拖布。在设计上，可分为滚轴式、下压式和边压式三种，其中下压式最好。滚轴式容易损伤棉质拖把的纤维，因而较少采用。

（3）地拖桶。地拖桶一般用金属、不锈钢或塑料制成。地拖桶可分隔为两个部分：一部分存放清洁剂，另一部分存放拖布用水。

（4）拖地车。拖地车有单桶式和双桶式两种，由清洁桶、挤水器和车架组合而成。挤水器可架在桶沿上，用于压出拖布上多余的水分。清洁桶安装在带有轮子的水平台车上。清洁桶内壁上有定量刻度标志，以便配制清洁剂。

4. 尘拖

尘拖亦称万向推，由尘拖头和尘拖架两个部分构成。尘拖头有棉类和纸类两种。棉类价格稍贵，但可以洗涤而且相当耐用。纸类价格稍低，比较卫生，但不耐用，属使用方便型。尘拖架多由金属制成，一个尘拖架备有多个尘拖头，以便随时更换洗涤。

尘拖主要用于光滑地面的清洁、保洁、保养工作，它可将地面的沙粒、尘土等带走，以减轻对地面的磨损。为了使尘拖效果更好，往往还要蘸上一些牵尘剂（静电水）或选用由合成纤维制作可产生静电的尘拖头。

尘拖头的规格应根据地面的情况选用。尘拖头必须经常换洗以保证清洁效果，延长其使用寿命。用牵尘剂浸泡过的棉类尘拖头除尘效果更好。

5. 房务工作车

房务工作车是客房服务员清扫客房时用来运载物品的工具车。有的饭店还配备了不同类型的房务工作车，如女服务员工作车、男服务员工作车、棉织品车等。另外，还有专为运送垃圾桶、家具等设计的辘轴车，以及一些钢制的和木质的用于搬运箱子的手推车和运输大件物品的平台车。使用房务工作车，可以减轻劳动强度，提高客房服务员的工作效率，而且当房务工作车停在客房门外时，就成了"正在清扫房间"的标志。

房务工作车必须坚固、轻便，能承载一定数量的布草、供应品以及清洁用品。房务工作车车身通常设计为一面开口，这样停在楼道走廊时，就不会使物品暴露在两边，外观较为整洁。房务工作车的前面应安装缓冲器或弹性保护装置，以免撞伤墙面。

备品箱物品摆放和房务工作车物品摆放分别如图4-1和图4-2所示，车两头的挂钩上分别装挂布草袋（撤换下来的）和垃圾袋。垃圾袋和布草袋一定要使用两种颜色，以免混淆误用。

红茶 15 包	浴帽 12 个	铅笔 10 支	圆珠笔 10 支	火柴 12 盒	大香皂、小香皂各 12 块				
花茶 15 包									
龙井 15 包									
咖啡 15 包				梳子 10 把	指甲锉 10 个	针线包 10 个	棉签 10 盒	洗发液 10 瓶	沐浴液 10 瓶
咖啡伴侣 10 包	牙具 15 套								
砂糖 10 包									

图 4-1 备品箱物品摆放示意图

临时通知及替换的电视节目卡								
饭店简介5本，旅游指南5本，各种杂志10本								
传真纸10张，酒水价目单5张，干洗、水洗单各5张								
地图5张，意见卡10张，信纸50张，信封两款各20个								
明信片两款各10张，电话记录本10本，坐便器封条10个								
员工记事本		其他						
备品箱（详见图4-1）		茶杯10个，冷水杯、漱口杯各7个						
垃圾袋	罐回收处	面巾纸8盒 卷纸8卷	地巾 10条	洗衣袋 15个	大购物袋 10个	垃圾袋（小） 20个	脏布袋	布草袋
		面巾30条，方巾30条		床单30张				
	清洁篮	大浴巾30条		枕套30个		浴帘 10张		

图4-2 房务工作车物品摆放示意图

房务工作车实物图见图4-3。

图4-3 房务工作车实物图

房务工作车使用注意事项如下：

（1）房务工作车的轮子最好选用两个定向轮和两个万向轮。平时应定期加机油润滑以消声。

（2）推房务工作车要注意不要碰坏墙纸、墙角及其他设备，因工作不小心损坏了公物，当事人要负责赔偿损失。

（3）不能把撤出的布草和杯具放置在易耗品上，如房务工作车首层没有位置放，撤出的杯具可放在最底层；在易耗品柜及房务工作车内不能存放私人物品及食品；弄脏及折皱严重的洗衣单应处理掉，不能重复使用。

（4）脏抹布要按规定放入布草袋一侧的脏布袋内，易拉罐倒干净后存放在罐回收处，撤车时都放于工作间废品堆放处，统一处理。

（5）现行规定的物品摆放规格及数量是从轻便、美观、实用角度考虑的。一次性补充太多备用品会增加房务工作车的负荷，使客房服务员难以控制行走方向，容易发生碰撞现象，而且会消耗客房服务员的体力。因此要求客房服务员视情况进行撤补。

（6）要保证每天清理一次房务工作车，做到车上无杂物、无灰尘、无污渍，并且每月要打一次蜡，不得在房务工作车上张贴任何商标、姓名、不干胶纸等。

（7）房务工作车在使用过程中，如发现螺钉松脱、车轮绕有杂物等问题，自己能解决的要及时处理，自己不能解决的要通知保养班进行维修处理。

6. 玻璃清洁器

擦玻璃是客房服务员的一项费时费力的工作，使用玻璃清洁器可提高效率，而且安全可靠、简便易行。玻璃清洁器主要由长臂杆、"T"形手柄和其他配件构成。

（1）橡皮刮。橡皮刮是一种专业玻璃清洁器的替换部件，可装在20厘米、35厘米或45厘米的"T"形手柄上。橡皮刮应根据手柄规格来切割，注意随时以旧换新。如果使用有破口的橡皮，就达不到预期的效果。橡皮刮装在长臂杆上特别适合清洗高处的玻璃。

（2）拐角插头。有时为了工作需要，可以用拐角插头把橡皮刮安装成一个合适的角度，便于清理高处或很难够得到的地方。

（3）短柄削刮器。短柄削刮器用来刮去粘在玻璃、瓷砖等表面的污点。把它安装在长臂杆上，就可以清理10米高的地方。如果在削刮器上安装一个120厘米长的把，可以很方便地刮除地板上旧的蜡痕、油漆和黏附物等。短柄削刮器的刀片宽为10厘米，一般还要配备5—10个淬火钢刀片，更换起来十分方便。

（4）水枪。长臂杆上配上水枪，可以把加入清洁剂的水通过输水管喷到墙面或玻璃上很脏的地方进行刷洗。

（5）注射器。即金属喷射泵，可以调节清洁剂水流的流量。其原理是清洁剂储存在一个附在杆上的塑料瓶中，通过大拇指的轻微动作来控制水流的喷射强度。

（6）大夹子。接在长臂杆的前端，夹住海绵、棉丝后，可对玻璃窗、墙壁和地板等处进行清理。夹子爪宽19厘米，夹子口的间距为8厘米。这种夹子一般采用耐力尼龙材料制成。

（7）刷子。玻璃清洁器配有用3种不同材料制成的刷子：排刷由十分坚硬的鬃毛制成；清洗刷则用不太硬的鬃毛制成；还有一种是用很软的鬃毛制成。刷子主要用于刷洗玻璃和平面。

7. 其他清洁器具

（1）抹布。根据清洁用途的不同，抹布有不同的尺寸、质地和颜色，这样既能防止抹布的交叉使用，又方便操作和提高清洁质量。

抹布也可用牵尘剂进行清洁处理，以达到更好的除尘效果。

抹布一定要折叠使用，以提高工作效率。抹布的洗涤最好由洗衣房负责。可多准备些抹布，因为它的周转和淘汰率高。

（2）搋揣子。用于疏通坐便器的简易工具。

（3）喷雾器。单手操作，用于喷射清洁剂及蜡水等。

（4）鸡毛掸子。用于去除灰尘，特别是高处的灰尘。

（5）油灰刀。用于去除黏固在地板上的香口胶等难以清洁的污垢。

（6）百洁布（快擦布）。用于清洁卫生洁具。百洁布有粗、细两种，清洁卫生间洁具很有效。

精讲 ② 机器清洁设备

一、吸尘器

吸尘器可分为主体和附件两部分。主体包括电动机、风机和吸尘部分（由过滤、储尘筒组成）；附件包括软管、接头弯管、塑接管（接长管）、刷头和扁吸嘴等。所有吸尘器配有一个组装刷头，供清理地毯和地板时用。吸力式吸尘器还配备一系列的清洁刷和吸嘴，以便清扫角落、窗帘、沙发和缝隙。吸尘器的主要附件有喉、圆刷头（又叫小吸嘴）、扁吸嘴、电动刷和扫尘刷。

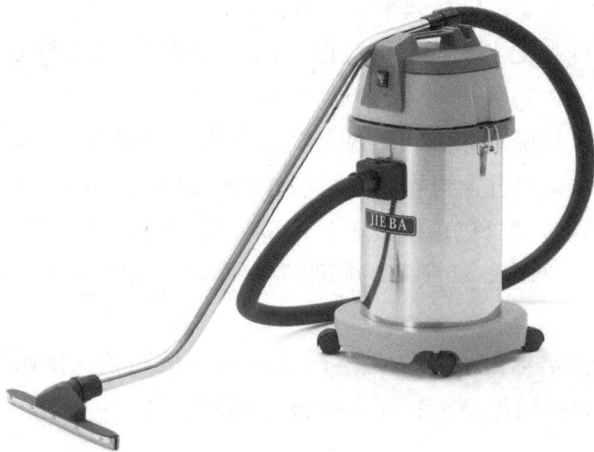

图4-4 吸尘器

1. 吸尘器的种类

按照操作原理及构造，吸尘器大致可分为直立式、吸力式和混合式三类。

（1）直立式吸尘器。直立式吸尘器借着吸尘刷的旋转振动力，先将低碳的绒毛拨开，使深藏其中的尘屑、污垢，尤其是电碳的致命物——沙粒，自行从绒毛中松脱出来，然后再把它吸起。所以在地毯吸尘方面，这种吸尘器通常都会有很好的效果。

直立式吸尘器在地毯上操作非常简便，使用者不用弯腰屈背。不过由于直立式吸尘器的吸嘴通常较大，所以在清洁"矮脚"家具底下或其他浅窄的地方时，就不如圆筒形吸力式吸尘器方便。此外，直立式吸尘器在操作时发出的噪声也往往比吸力式吸尘器大。

（2）吸力式吸尘器。这类吸尘器有多种款式，如圆筒形、长筒形等，但它们都有一个长吸管，用来接交各种配件，以配合不同的工作需要。由于这类吸尘器只是靠吸力去吸尘，所以它的发动机功率通常要比直立式吸尘器大。

在清洁效能方面，这类吸尘器由于没有电动旋转刷的辅助，清理地毯的效果不是很明显。但由于它具备强劲的吸力，再加上一系列特殊配件的帮助，对清理地板、家具、帐帘、轻薄细软的织物垫套效果较好。由于备有"扁身"的吸管，可方便清理"矮脚"家具底下或其他浅窄的地方。

（3）混合式吸尘器。混合式吸尘器的外形与吸力式吸尘器大致相同，多采用圆筒式的设计。这类吸尘器除了具有强劲的吸力外，还备有电动的振动清洁刷，可随时装上使用。

由于在构造上集合了吸力式吸尘器与直立式吸尘器的优点，所以在清洁效果方面，混合式吸尘器就可以同时发挥两者的长处。

2. 吸尘器的使用

（1）使用前必须检查电线有无破损，插头有无破裂或松脱，以免引起触电事故。

（2）检查吸尘器头有无隔尘网片，机身耳钩是否损失或丢失。

（3）拉吸尘器时要一手抓吸尘器吸管，另一手抓吸尘器的把手，这样可方便拉动，避免碰撞其他物体。

（4）检查吸把转动是否灵活，发现有问题时要报告维修部检修，以免损坏把头和底部铁盒。

（5）吸尘器堵塞时，不要继续使用，以免增加吸尘器的负荷，烧坏电动机。

（6）发现地毯上有大件物体和尖硬物体时要捡起来，如果硬用吸尘器会损坏内部机件或造成吸管堵塞。

（7）吸尘后要检查吸尘器的轮子是否缠绕上杂物，若有则要及时清理并加油。

（8）吸尘器每天使用完毕后，必须清理集尘袋，擦干机身，将机头与机身分拆摆放好。

二、洗地毯机

洗地毯机工作效率高，省力、省时、节电、节水。机身结构及配件用塑料玻璃钢和不锈钢制成。采用真空抽吸法，脱水率为70%左右，清洗后地毯即干。洗地毯机可清洗纯羊毛、化纤、尼龙、植物纤维等地毯。

洗地毯机主要由两个吸力泵、污水箱、净水箱、强力喷射水泵、电动机等构成，采用真空抽吸原理。真空抽吸、水泵喷射系统都设有过滤网纹，以保证电动机的正常工作。

洗地毯机在运作时，强力喷射、振荡刷洗、真空抽吸三个动作同时进行。

图 4-5　洗地毯机

1. 洗地毯机的种类

（1）喷汽抽洗式地毯机。这种机器喷液、擦洗、吸水三个动作同步进行，洗涤力特别强，去污效果也好；但操作不方便，而且对地毯的破坏性较大，这种地毯机宜少用。

（2）干泡洗地毯机。干泡洗地毯机有滚刷式和转刷式两种。其工作原理是：当发动机启动后，压缩机将按比例配制的洗地毯剂高速打泡，然后喷射在地毯上，机器底部擦盘随即擦洗地毯，以使洗地毯剂渗透到地毯根部，与地毯里的尘埃结成晶体。十几分钟后用吸尘器将结晶体吸去，或者用吸水机将地毯吸一遍，地毯便洗净干燥了。需要注意的是，洗地毯前需将地毯彻底吸尘和去渍才能达到预期效果。干泡洗地毯机的使用方法比较简便，对不太脏的地毯和纯羊毛地毯来说，清洗效果颇佳，而且对地毯损伤较小。

2. 洗地毯机的使用

地毯干泡清洁操作规程如下：

（1）用吸尘器对地毯作吸尘处理。

（2）用地毯除渍剂清除地毯上的各类污迹及香口胶。

（3）按比例将洗地毯剂兑水后加入电子打泡箱内。

（4）将洗地毯机套上地毯刷，接上电源。

（5）打开泡箱开关，将泡沫均匀地擦在地毯上。

（6）控制洗地毯机的走向，由左至右，保持 40 米/分的速度为宜。

（7）操作机械在地毯上来回洗刷 3—4 次，行与行之间互叠 10 厘米。

（8）用毛刷擦洗边角，抹干地毯上的泡沫。

（9）用地毯吹干机吹干地毯。

（10）工作完毕，用清水冲洗泡箱和地毯刷。

三、吸水机

吸水机外形有筒形和车厢形两种，机身由塑料或不锈钢制成，分为固定型和活动型两种，机身下有 4 个转轮，操作时省时省力。固定型吸水机吸水量为 9—65 升，活动型吸水机吸水量为 27—73 升。吸水机主要部件是真空泵、蓄水桶和吸水刷。吸水机通常采用"旁路冷却系统"，该系统可确保安全，在吸水时不会因水分透过电器部分而导致器件烧毁。

吸水机的功能是对洗刷后的地毯进行抽吸，使残存于地毯中的污物彻底清除。

吸水机的配件根据喉管直径的大小配备，例如喉管直径为 40 毫米的配件有胶接管、高空吸嘴、扁平吸嘴、圆吸嘴、收窄嘴、软喉管（长 0.8 米和 2.5 米各一根）、地毯吸嘴、吸水嘴、吸尘嘴、电镀接管、有轮吸尘嘴等。

使用方法和吸尘器基本相同，接通电源即可操作，蓄水桶吸满后要及时放掉。

四、洗地机

1. 洗地机简介

洗地机又称擦地吸水机，它具有擦洗机和吸水机的功能。洗地机装有双电动机，集喷、擦、吸于一身，可将擦洗地面的工作一步完成，适用于饭店的大厅、走廊、停车场等面积大的地方的清洗，是提高饭店清洁卫生水平不可缺少的工具之一。

洗地机主要由控制杆和机身两大部分组成。控制杆上有电动机安全开关、清洁剂活门、手柄调节控制杆、橡皮拖把控制杆。机身主要有剩余清洁剂吸嘴、吸管接头、吸管、吸嘴、支座、污水箱、自动关闭系统、洗地刷和垫子、防撞轮、清水箱、清洁液调节器、方向调节旋钮等部件。

洗地机使用前先检查各个部件是否完好；当打开吸水机开关时，应注意查看污水箱是否保持密封，以防污水外溢；清洗工作完毕，将吸水系统剩余清洁液抽至污水箱里，便于倾倒。每次使用后，应把各种配件清洗干净，晾干后妥善保存起来。

2. 洗地机的使用

自动洗地机的操作步骤如下：

（1）将清洁剂按 1∶20 的比例兑水注入清水箱内。

（2）装好吸水刮后，启动电源开关，放下洗地刷和吸水刮，扳动水制开关。

（3）启动吸水机电源，手推控制杆，以60米/分速度前进，洗地和吸水同时进行。

（4）用洗地机洗地时，行与行之间要互叠10厘米，以免漏洗。

（5）洗地完毕后用干毛巾将地面特别是边角位的水迹抹干净，以免影响打蜡质量。

五、打蜡机

1. 打蜡机简介

打蜡机有单刷、双刷及三刷机。单刷机使用广。单刷机的速度有慢速（120—175转/分）、中速（175—300转/分）、高速（300—500转/分）和超高速（1 000转/分）。慢速及中速较适合于洗擦地板，高速则用于打蜡及喷磨工作。

打蜡机主要配件有：尼龙刷——洗地板用（不同硬度的尼龙刷，可分别用来洗地、磨蜡、喷磨地板等）；水箱——洗擦地板用；喷壶、喷嘴——喷蜡水用；集尘袋——吸尘用。

2. 打蜡机的使用

（1）地面打蜡、抛光。

①打蜡时，首先检查机上喷壶是否加满保养清洁蜡。

②将控制杆调节到合适的高度。

③机体底盘针座接合抛光垫，保持机身与地面平行。

④接通电源，按下机身电源开关，使底盘转动。当手柄提升时，机身向右移动；当手柄向下时，机身向左移动。

⑤当操纵机械从左到右移动时，拉动喷蜡控制杆将蜡水喷出，由底盘抛光垫将蜡水均匀涂在地面上。

⑥打蜡前，用干地拖将地面灰尘、沙粒拖干净。打蜡时，落蜡要均匀，行与行之间互叠10厘米，每推100厘米喷蜡一次。

⑦喷蜡完成后，换另一干净抛光垫进行地面抛光。

⑧抛光推进速度保持在50米/分为宜，来回抛光3—5次，直至光亮为止。

（2）高速抛光。

①使用高速抛光机操作，将高速抛光垫安装在抛光机转盘底部针座上，平放在地面。

②将控制杆调节到适合高度，接上电源。

③按下机身电源开关，转盘转动，即可进行抛光。

④抛光时，推进速度不能太快，应保持50米/分的速度。

⑤抛光时，行与行之间应互叠10厘米，以免漏抛光。

（3）起蜡。

①起蜡前，将"暂停使用"告示牌放在工作现场出入口或周边位置。

②用速度为150转/分的洗地机进行操作，将起蜡水按1∶10的比例兑水注入水箱中。

③套好针座及洗地百洁刷。

④洗地机接通电源，按下机身电源开关，拉动清水箱控制杆，将起蜡水均匀擦在地面上。

⑤使机械保持 50 米/分的速度进行刷地起蜡工作。

⑥控制机械走向，由左到右来回走动 2—3 次。

⑦行与行之间互叠 10 厘米。

⑧洗地起蜡完成后，用吸水机把起蜡水吸干净。

⑨用洗地机来回过清水两次。

⑩边角位用长柄手刷擦抹干净。

⑪待地面吹干后才可以进行封蜡。

（4）封蜡。

①将落蜡拖头套在落蜡架上。

②把拖头浸透蜡水。

③把拖头放在压水器上压干少许。

④操作时要一层一层地将蜡水均匀涂在地面上（一般涂 3—5 层）。待每层蜡水干透后，才可进行后面的封蜡操作。

⑤封蜡结束一般需过 6 小时后才用 1 000 转/分以上的超高速打蜡机进行抛光，抛至光亮为止。

（5）"结晶"蜡打磨。

①使用 300 转/分洗地机、针座、百洁刷、钢丝垫进行操作。

②打磨前地面要先清洁，如有旧蜡要起蜡。

③喷蜡后以 50 米/分的速度进行打磨。

④喷蜡要均匀，反复喷磨 3—5 次。

⑤将钢丝垫上的灰尘用吸尘器吸干净，不能水洗。

（6）"水晶"蜡打磨。

①使用 300 转/分洗地机和棕色（粗）、灰色（幼细）磨光垫进行操作。

②打磨前地面要清洁，如有旧蜡要起蜡。

③喷蜡后先用棕色磨光垫打磨，反复喷磨 4—5 次。

④换上灰色磨光垫再喷磨 4—5 次即可。

六、高压喷水机

高压喷水机往往有冷、热水两种设计，一般用于垃圾房、外墙、停车场、游泳池等处的冲洗，也可加入清洁剂使用。附有加热器的喷水机水温可高达沸点，故更适合在清除油污的场合使用。

精讲 ③ 清洁剂

一、酸性清洁剂

酸性清洁剂通常为液体，少数呈粉状，主要用于对卫生间的清洁。酸能中和尿碱、水泥等顽固斑垢，因此，一些强酸可用于卫生间清洁。但其缺点是有腐蚀性，对使用者的肌肤易造成损伤，所以用量及使用方法都需特别留意，且不得用于地毯、地板、木器家具和金属器皿上。

1. 盐酸

盐酸的 $pH = 1$，主要用于清除建筑时滞留下的水泥、石灰斑垢，效果非常明显。

2. 硫酸钠

硫酸钠的 $pH = 5$，可与尿碱起中和反应，可用于清洁卫生间坐便器，但必须量少且不能常用。

3. 草酸

草酸的 $pH = 2$，用途同盐酸和硫酸钠，效果好于硫酸钠，但酸性较大，因此使用时要特别注意。

上述三种酸性清洁剂客房部可少量配备，用于计划卫生或清除尘垢，但需妥善管理和使用。使用前必须将清洁剂稀释，不可将浓缩液直接倒在被清洁物表面，否则会损伤被清洁物和使用者的肌肤。

4. 坐便器清洁剂

坐便器清洁剂呈酸性，$pH = 1—5$，但含合成抗酸剂，因此安全系数增加，主要用于清洁公共洗手间和卫生间坐便器，有特殊的洗涤除臭和杀菌功效。使用时要按说明书稀释后再行分配使用。在具体操作时，必须在坐便器有清水的情况下倒入数滴，稍等片刻后，用刷子轻轻刷洗，再用清水冲洗。因此，住客房使用酸性清洁剂，而走客房用坐便器清洁剂，既保证卫生清洁质量，又缓解了强酸对瓷器表面的腐蚀。

5. 消毒剂

消毒剂的 $pH = 5—9$，一般呈酸性，除可作为卫生间的消毒剂外，还可用于消毒杯具，但一定要用水漂净。84 消毒液是其中较好的一种消毒剂。

二、中性清洁剂

中性清洁剂有液状、粉状、膏状之分。因其配方温和，不腐蚀和损伤任何物品，所以适用范围更广。其主要功能是除污清洁，现在饭店广泛使用的多功能清洁剂即属中性清洁剂（也有些多功能清洁剂偏弱碱性）。它可起到清洗和保护被清洗物的作用，用于日常卫生，是最理想的一种清洁剂，其缺点是无法或很难清除积聚严重的污垢。

1. 多功能清洁剂

多功能清洁剂的 pH＝7—8，主要含表面活性剂，可去除油垢，除不能用来洗涤地毯外，其他地方均可使用。它不仅能保护被清洁物表面，还具有防止家具发霉的功效，原装均为浓缩液，使用前要根据说明进行稀释，再擦拭家具，便可去除家具表面霉变的污垢、油脂等。它是饭店用量最大的一种清洁剂，宜用于日常卫生，但对特殊污垢作用不大。

2. 洗地毯剂

根据含泡沫稳定剂的量的不同，分为高泡和低泡两种。低泡一般用于湿洗地毯，高泡用于干洗地毯。低泡洗地毯剂用湿水稀释后，去污效果更好。

三、碱性清洁剂

碱性清洁剂有液体、乳状、粉状、膏状之分。对于清除一些油脂类污垢和酸性污垢有较好的效果。使用前应稀释若干倍，使用后要用清水漂洗，否则时间长了会损伤被清洁物的表面。

1. 玻璃清洁剂

玻璃清洁剂的 pH＝7—10，有液体大桶装和高压喷罐装两种。前者类似多功能清洁剂，主要功效是除污斑，在使用时需装在喷壶内，对准脏迹连喷几下，然后立刻用干布擦拭，便可光亮如新。后者内含挥发溶剂、芳香剂等，可去除油垢，用后留有芳香味，虽价格高，但省时省力且效果好，使用后会在玻璃表面留下透明保护膜，更方便以后的清洁工作。

2. 家具蜡

家具蜡的 pH＝8—9，形态有乳状、喷雾状、膏状等几种。家具蜡含蜡（填充物）、溶剂（除油污）和硅铜（润滑、抗污），可去除动物性和植物性油污，并在家具表面形成透明保护膜，防静电、防腐。使用方法是先将一些家具蜡倒在干布或家具表面上擦拭一遍，以清洁家具，约15分钟后再用同样方法擦拭一遍，然后上光，擦拭两次效果极佳。

3. 起蜡水

起蜡水的 pH＝10—14，用于需再次打蜡的大理石和木板地面，可将旧蜡及污垢浮起而达到去蜡功效。由于碱性强，起蜡后一定要反复清洗地面后才能再次上蜡。

四、表面活性剂

表面活性剂是一种最常用、用量最大的活性剂，它能有效减少溶剂表面张力，使污垢与被清洁物的结合力降低。表面活性剂若能与其他化合物有机结合，即可成为高品质的清洁剂。

清洁剂中除含表面活性剂外，还含有其他化合物，如漂白剂、泡沫稳定剂、香精、色料等，主要目的是增加清洁功效。

图4-6　清洁剂

五、抛光剂

严格地说，抛光剂并不属于一般的清洁剂，但它常为服务员工作时所用并起到清洁保养的作用。当物体表面打上抛光剂之后，能形成一个硬质防护表层，以防指印、污迹或刮痕等留在上面，同时使得物体光彩照人。

1. 金属抛光剂（上光剂）

金属抛光剂能清除金属表层的锈蚀和刮痕，用于锁把、扶手、水龙头、卷纸架、浴帘杆等金属用品，可起到除锈、除污、上光之功效。其成分包括轻微的磨蚀剂、脂肪酸、有机溶剂和水。高效上光剂还含有能在金属表面形成保护膜的成分，大大地延缓了锈蚀的再次形成。金属抛光剂品种较多，要正确选用，以保证使用效果。

2. 家具抛光剂（家具蜡）

家具抛光剂有膏质、糊状、液体或喷雾等不同形态，其成分包括：蜡剂，用以充填物体表层孔隙；溶剂，用以消除油脂；水，用以清除一般尘污；硅铜，使抛光剂更润滑，便于使用，增强光泽度和抗污能力。

3. 地面抛光剂（地面蜡）

地面抛光剂主要用于地面的清洁保养，其品种有油性（溶剂型）与水性（水剂型）两种。它们都能在地面留下一层保护层，因而都被称作地面蜡。油性蜡用于木材等多孔质地面，待溶剂挥发后会留下一层蜡质保护层。它易变暗，但只要经常打磨即可恢复光泽。水性蜡则适用于少孔的塑料地板、花岗石和云石等，它是一种混合了蜡与聚酯物的乳状液体，干后能留下一层坚硬的保护层，同时具有防滑的作用。

4. 封蜡（底蜡）

封蜡其实是一种填充剂，使用后能通过渗透将一些细微的孔隙封住并在地表形成一层牢固的保护层，防止污垢、液体、油脂甚至细菌的侵入。根据使用情况的不同，封蜡层可在1—5年内有效。

封蜡主要有油性和水性两种。油性封蜡一般多用于木质地面，也可用于水泥地、石料地；水性封蜡一般用于塑料地板、橡胶地砖、大理石和水磨石地面等。

六、溶剂类清洁剂

溶剂为挥发性液体，常被用于去除油污，又可使怕水的物体避免水的浸湿。常用的有以下几种：

1. 地毯除渍剂

地毯除渍剂专门用于清除地毯上的特殊斑渍，对怕水的羊毛地毯尤为合适。它有两种：一种专门清除果汁色斑，一种专门清除油脂类脏斑，清洁方法是用毛巾蘸地毯除渍剂（也有喷罐装的）在脏斑处擦拭。发现脏斑要及时擦除，否则效果不明显。

2. 酒精

酒精主要用于电话机消毒，注意必须用药用酒精。

3. 牵尘剂（静电水）

牵尘剂用于浸泡尘拖，对免水拖地面如大理石、木板地面等进行日常维护和清洁，除尘功效明显。操作时，应先将尘拖头洗干净，然后用牵尘剂浸泡，待全干后再来拖地。

4. 杀虫剂

这里的杀虫剂是指喷罐装的高效灭虫剂，如"必扑""雷达"等。使用杀虫剂定时对房间进行喷射并密闭片刻，可杀死蚊、蝇和蟑螂等飞虫和爬行虫。

5. 空气清洁剂

空气清洁剂具有杀菌、去除异味、使空气芳香的作用。

日常使用的清洁剂除以上提及的品种之外，还有消毒液、洁厕灵、除臭剂等。

练习题

一、选择题

1. 单刷慢速打蜡机的转速是（　　），它适合于（　　）。

　　A. 100—150转/分；打蜡　　　　　　B. 120—175转/分；洗擦地板

　　C. 150—200转/分；喷磨　　　　　　D. 200—250转/分；抛光

2. 下列不属于吸尘器应用范围的是（　　）

    A. 地板　　　　B. 地毯　　　　C. 纸篓　　　　D. 垫套

3. 下列不属于机器清洁设备的是（　　　）。

    A. 洗地机　　　B. 打蜡机　　　C. 挤水机　　　D. 洗地毯机

4. 控制洗地毯机的走向，应由左至右，保持（　　）的速度为宜，行与行之间互叠（　　）厘米。

    A. 35 米/分；15 厘米　　　　　　B. 25 米/分；10 厘米

    C. 30 米/分；15 厘米　　　　　　D. 40 米/分；10 厘米

5. "结晶"蜡打磨，使用（　　）洗地机、针座、百洁刷、钢丝垫进行操作，喷蜡后以（　　）的速度进行打磨。

    A. 200 转/分；30 米/分　　　　　B. 500 转/分；50 米/分

    C. 300 转/分；50 米/分　　　　　D. 800 转/分；60 米/分

二、判断题

1. （　　）硫酸钠可用于清洁卫生间坐便器。

2. （　　）电动清洁设备一不污染环境，二使用方便、效率高、效果好。

3. （　　）洗地毯机可清洗纯羊毛、化纤、混纺等地毯。

4. （　　）玻璃清洁剂一般呈中性或碱性，pH＝7—10。

5. （　　）清洁剂根据酸碱浓度不同可分为酸性清洁剂和碱性清洁剂。

客房用品的申购

　　客房的设备、用品种类繁多，各种设备、用品的使用价值不同。必须采用科学合理的方法，才能做好设备、用品的使用和管理工作。

　　为了保证饭店的规格、档次和格调一致，保持并扩大对客源市场的影响力，多数饭店都要对客房进行计划中的更新改造，并对一些设备、用品实行强制性淘汰。这种更新计划包括常规修整、部分更新、全面更新三种。无论是哪一种，都在一年当中或一段时间的预算计划之内，而预算计划之外的临时购置也不可避免。

一、申购的种类

　　（1）接待大型活动时所需设备、用品的临时申购。

　　（2）特殊客人（重要贵宾）急需用品的申购。

二、申购程序

　　（1）由使用部门根据营业上的需要（特殊任务或某种情况的需要），提出申购物品的名称、规格、型号、数量。

　　（2）讲明此物品（用品）是一次性使用还是长期使用。

　　（3）填写申购单一式五份，由部门经理签名认可，交仓管部主任审核。

　　申购流程：使用部门→仓管部→供应部报价→总经理审批。

　　总经理审批同意后，将申购单一式五份给仓管部，仓管部再分别交一份给使用部门存查，一份给供应部作为采购依据，一份给仓管部收货组作为货到后的验收依据，一份给财务部记账用。

三、客房用品的品质要求

1. 一般饭店对客房用品的品质要求

（1）毛巾类。

①浴巾规格不小于1 200毫米×600毫米，重量不低于400克。

②面巾规格不小于550毫米×300毫米，重量不低于110克。

③地巾规格不小于650毫米×400毫米，重量不低于320克。

毛巾类物品的基本品质要求：全棉，白色为主，其他颜色的毛巾以不褪色为准，无色花、色差，手感柔软，吸水性能好。

（2）床单。

床单的基本品质要求：全棉，白色为主，布面光洁，透气性能良好，无疵点、污渍。

（3）枕芯、枕套。

枕芯规格不小于650毫米×450毫米。枕芯和枕套的基本品质要求：枕芯，松软舒适，有弹性，无异味；枕套，全棉，白色为主，布面光洁，无明显疵点、污损，规格与枕芯相配。

（4）毛毯、床罩。

①毛毯质地材料为毛混纺或纯毛制品。

②床罩质地材料以装饰布面料为主。

以上物品的基本品质要求：毛毯，素色为主，手感柔软，保暖性能良好，经过阻燃、防蛀处理，尺寸规格与床单相匹配；床罩，外观整洁，线形均匀，边缝整齐，无断线，不起毛球，无污损，不褪色，经过阻燃处理，夹层可使用定型棉或中空棉。

（5）薄棉被、褥垫。

①薄棉被质地材料为优质棉。

②褥垫规格不小于1 900毫米×900毫米。

以上物品的基本品质要求：薄棉被，柔软舒适，保暖性能好，无污损；褥垫，吸水性能好，能有效防止污染物质的渗透，能与软垫固定吻合，可使用定型棉或中空棉。

（6）香皂、沐浴液、洗发液、护发素、润肤露。

①香皂重量每块不低于18克，简易包装或用容器盛放。

②沐浴液、洗发液、护发素、润肤露重量每件不低于20克，简易包装或用容器盛放。

以上物品的基本品质要求：香皂，香味纯正，组织均匀，色泽一致，图案、字迹清晰，无粉末颗粒，无软化腐败现象，在保质期内；沐浴液、洗发液、护发素、润肤露，液体黏度适中，无异味，包装完好，无遗漏，印有中英文店名、店标，在保质期内。

（7）牙刷、牙膏、漱口杯。

①牙刷简易密封包装，印有中英文店名、店标。

②牙膏重量每支不低于6克，包装盒上图案、文字清晰。

③漱口杯简易封套，印有中英文店名及店标。

以上物品的基本品质要求：牙刷，刷毛以尼龙丝为主，不得使用对人体有害的材料，刷毛洁净、柔软、整齐，毛束空满适宜，刷头、刷柄光滑，手感舒适，有一定的抗弯性能；牙膏，香味纯正，膏体湿润、均匀、细腻，色泽一致，使用的香精、色素符合GB 8372的规定，无挤压变形，渗漏污损，在保质期内；漱口杯，玻璃制品或陶瓷制品，外形美观端正，杯口圆润，内壁平整，每日清洗消毒。

（8）浴帽、卫生纸、卫生袋。

浴帽、卫生纸、卫生袋要求简易包装。基本品质要求：浴帽，以塑料制品为主，洁净，无破损，帽口松紧适宜，耐热性好，不渗水；卫生纸，白色，纸质柔软，纤维均匀，吸水性能良好，无杂质，无破损；卫生袋，不透明塑料制品或防水纸制品，洁净，不易破损，标志清晰。

（9）拖鞋、污物桶、梳子。

拖鞋要求是一次性简易拖鞋，并有一定牢度；梳子要求简易包装。

基本品质要求：拖鞋，穿着舒适，行走方便，具有较好的防滑性能，印有店标；污物桶，桶体坚固，污物不泄露，材料应有阻燃性能；梳子，梳身完整、平滑，厚薄均匀，齿头光滑，不宜过尖，梳柄印有中英文店名及店标。

（10）浴帘、防滑垫。

基本品质要求：浴帘，以塑料薄膜或伞面绸为主，无污损，无霉斑；防滑垫，以橡胶制品为主，摩擦力大，防滑性能好。

（11）文具夹、信封、信纸。

基本品质要求：文具夹，完好无损，物品显示醒目，取放方便，印有中英文店名及店标；信封、信纸，用纸均匀，切边整齐，不渗墨迹，印有中英文店名及店标、地址、邮政编码、电话号码、传真号码，纸质不低于 50 克。

（12）圆珠笔、印刷品、提示牌。

基本品质要求：圆珠笔，书写流畅，不漏油，笔杆上印有店名及店标；印刷品，印刷美观，指示明了，内容准确，中英文对照；提示牌，印刷精美，字迹醒目，说明清晰，悬挂方便，中英文对照。

（13）茶叶、茶杯、暖水瓶。

基本品质要求：茶叶，干燥洁净，无异味，有包装或用容器盛放，表明茶叶品种；茶杯，以玻璃制品或陶瓷制品为主，形体美观，杯口圆润，内壁平滑；暖水瓶，容量不少于 1.6 升，符合 GB 11416 中的优等品的质量规定。

（14）衣架、烟灰缸、火柴、擦鞋布。

基本品质要求：衣架，以塑料制品或木制品为主，无毛刺，光滑；烟灰缸，使用安全，非吸烟楼层不放置；火柴，采用 GB/T 393 中的 MG－A 型木梗火柴，以优质塑料盒或纸盒为主，印有中英文店名及店标；擦鞋布，使用后能让鞋面光亮洁净。

2. 星级饭店对客房用品的品质要求

（1）毛巾类。

①浴巾规格不小于 1 400 毫米 ×800 毫米，重量不低于 600 克。

②面巾规格不小于 700 毫米 ×350 毫米，重量不低于 140 克。

③地巾规格不小于 750 毫米 ×450 毫米，重量不低于 350 克。

④方巾规格不小于 320 毫米 ×320 毫米，重量不低于 55 克。

以上物品的基本品质要求：全棉，白色为主，其他颜色的毛巾以不褪色为准，无色花、色差，手感柔软，吸水性能好。

（2）浴衣、软垫。

①浴衣的基本品质要求：棉织品或丝绸制品，柔软舒适，保暖。

②软垫规格不小于 2 000 毫米 × 1 100 毫米。基本品质要求：平整，弹性适宜，无污损。

（3）床单。

基本品质要求：全棉，白色为主，布面光洁，透气性能好，无疵点、污渍，符合 FZ/T 62007 的规定。

（4）枕芯、枕套。

枕芯、枕套的规格不小于 750 毫米 × 500 毫米。

基本品质要求：枕芯，松软舒适，有弹性，无异味；枕套，全棉，白色为主，布面光洁，无明显疵点、污损，规格与枕芯相配。

（5）毛毯、床罩。

①毛毯采用精仿纯毛材料制成。

②床罩采用高档面料，以优质装饰面料或丝绸面料为主。

以上物品的基本品质要求：毛毯，素色为主，手感柔软，保暖性能良好，经过阻燃、防蛀处理，尺寸规格与床单相匹配；床罩，外观整洁，线条均匀，边缝整齐，无断线，不起毛球，无污损，不褪色，经过阻燃处理，夹层可使用定型棉或中空棉。

（6）薄棉被、褥垫。

①薄棉被不小于 2 000 毫米 × 1 100 毫米。采用优质棉材料。

②褥垫规格不小于 2 000 毫米 × 1 100 毫米。

以上物品的基本品质要求：薄棉被，柔软舒适，保暖性能好，无污损；褥垫，吸水性能好，能有效防止污染物的渗透，能与软垫固定吻合，可使用定型棉或中空棉。

（7）香皂、沐浴液、洗发液、护发素、润肤露。

①香皂重量每块不低于 30 克，最多可达到 45 克。豪华包装，印有中英文店名及店标，或用豪华皂盒盛放。

②沐浴液、洗发液、护发素、润肤露，重量每件不低于 35 克，豪华包装或用豪华容器盛放。

以上物品的基本品质要求：香皂，香味纯正，组织均匀，色泽一致，图案、字迹清晰，无粉末颗粒，无软化腐败现象，在保质期内，符合 GB 8113 的规定；沐浴液、洗发液、护发素、润肤露，液体黏度适中，无异味，包装完好，无遗漏，印有中英文店名、店标，在保质期内。

（8）牙刷、牙膏、漱口杯。

①牙刷质量好，豪华密封包装，印有中英文店名及店标。

②牙膏重量每支不低于 10 克，包装盒上图案、文字清晰。

③漱口杯精致封套，印有中英文店名及店标。

以上物品的基本品质要求：牙刷，刷毛以尼龙丝为主，不得使用对人体有害的材料，刷毛洁净、柔软、整齐，毛束空满适宜，刷头、刷柄光滑，手感舒适，有一定的抗弯性能，其他技术指标符合 QB 1659 的规定。牙膏，香味纯正，膏体湿润、均匀、细腻，色泽一致，使用的香精、色素符合 GB 8372 的规定，无挤压变形，渗漏污损，在保质期内。漱口杯，玻璃制品或陶瓷制品，外形美观端正，杯口圆润，内壁平整，每日清洗消毒。

（9）浴帽、卫生纸、卫生袋。

浴帽、卫生纸、卫生袋精致盒装，印有中英文店名及店标。

基本品质要求：浴帽，以塑料薄膜制品为主，洁净，无破损，帽口松紧适宜，耐热性好，不渗水；卫生纸，白色，纸质柔软，纤维均匀，吸水性能好，无杂质，无破损；卫生袋，不透明塑料制品或防水纸制品，洁净，不易破损，标志清晰。

（10）拖鞋、污物桶、梳子。

①拖鞋，高级优质，一日一换。

②梳子豪华包装，宜用木质。梳子可分粗、细齿两种。

以上物品的基本品质要求：拖鞋，穿着舒适，行走方便，具有较好的防滑性能，印有店标；污物桶，桶体坚固，污物不泄露，材料应有阻燃性能；梳子，梳身完整，平滑，厚薄均匀，齿头光滑，不宜过尖，梳柄印有中英文店名及店标。

（11）浴帘、防滑垫、洗衣袋、面巾纸、剃须刀、指甲锉、棉花球、棉签、浴盐。

①浴帘的基本品质要求：以塑料薄膜或伞面绸为主，无污损，无霉斑。

②防滑垫的基本品质要求：以橡胶制品为主，摩擦力大，防滑性能良好。

③洗衣袋的基本品质要求：以塑料制品和棉麻制品为主，洁净，无破损，印有中英文店名及店标。

④面巾纸的基本品质要求：白色为主，纸质柔软，取用方便。

⑤剃须刀的基本品质要求：刃口锋利、平整，剃须舒适、安全，密封包装，印有中英文店名及店标。

⑥指甲锉的基本品质要求：砂面均匀，颗粒细腻，无脱砂现象，有套或套封。

⑦棉花球的基本品质要求：棉花经过消毒处理，棉头包裹紧密。

⑧棉签的基本品质要求：密封包装。

⑨浴盐的基本品质要求：香味淡雅，含矿物质，发泡丰富。

（12）文具夹、信封、信纸、明信片。

①文具夹质地为高级材料。

②信封、信纸、明信片纸质不低于 70 克。

以上物品的基本品质要求：文具夹，完好无损，物品显示醒目，取放方便，印有中英文店名及店标；信封、明信片、信纸，符合 GB/T 1416 的规定，印有中英文店名及店标、地址、邮政编码、电话和传真号码；明信片具有旅游宣传、促销意义；信纸，纸质均匀，切边整齐，不渗墨迹，印有中英文店名及店标、地址、邮政编码、电话和传真号码。

（13）圆珠笔、铅笔、便笺夹、印刷品、提示牌、挂牌、洗衣单、酒水单。

①圆珠笔的基本品质要求：书写流畅，不漏油，笔杆上印有中英文店名及店标。

②铅笔的基本品质要求：石墨铅笔，笔芯以 HB 为宜，削好后供宾客使用。

③便笺夹的基本品质要求：完好无损，平整，实用方便，印有中英文店名及店标。

④印刷品的基本品质要求：印刷精美，内容准确，中英文对照。

⑤提示牌、挂牌的基本品质要求：印刷精美，字迹醒目，说明清晰，悬挂方便，中英文对照。

⑥洗衣单、酒水单的基本品质要求：无碳复写，栏目清晰，内容准确，明码标价，中英文对照。

（14）茶叶、茶杯、暖水瓶、凉水瓶、凉水杯、迷你酒吧、酒杯、咖啡、冰桶以及电热水壶。

①茶叶的基本品质要求：干燥洁净，无异味，需有包装或用容器盛放，表明茶叶品种。

②茶杯的基本品质要求：以玻璃制品或陶瓷制品为主，外形美观，杯口圆润，内壁平滑。

③暖水瓶的基本品质要求：容量不少于 1.6 升，符合 GB 11416 中对优等品的质量规定。

④凉水瓶、凉水杯的基本品质要求：以玻璃制品为主，形体美观，凉水瓶需有盖，无水垢，内储饮用水；凉水杯杯口圆润，内壁平滑。

⑤迷你酒吧的基本品质要求：酒和饮料封口完好，在保质期内。

⑥酒杯的基本品质要求：以玻璃制品为主，杯口圆润，内壁平滑，应与迷你酒吧陈列的酒和饮料的种类匹配。

⑦咖啡的基本品质要求：以速溶咖啡为主，干燥洁净，包装完好。

⑧冰桶的基本品质要求：洁净，取用方便，保温性能良好。

⑨电热水壶的基本品质要求：绝缘性能良好，容量不宜大于 1.7 升，符合 JB 4189 的规定。需配备使用说明。

（15）衣架、烟灰缸、火柴、擦鞋用具、纸篓、针线包、杯垫、礼品袋、标贴、标牌、晚安卡。

①衣架的基本品质要求：以塑料制品和木制品为主，无毛刺，光滑。

②烟灰缸的基本品质要求：使用安全，非吸烟楼层不放置。

③火柴的基本品质要求：采用 GB/T 393 中的 MG－A 型木梗火柴，以优质塑料盒或纸盒包装，印有中英文店名及店标。火柴梗、药头的平均长度和火柴盒尺寸由饭店自行决定。非吸烟楼层不配备。

④擦鞋用具的基本品质要求：擦鞋用具包括亮鞋器和擦鞋布，使用后能起到使鞋面光亮洁净的效果。

⑤纸篓的基本品质要求：材料应有阻燃性能。

⑥针线包的基本品质要求：配有线、纽扣、缝衣针等，搭配合理，封口包装。

⑦杯垫的基本品质要求：精致美观，具有隔热作用，印有店标。

⑧礼品袋的基本品质要求：以塑料制品或优质纸制品为主，无破损，印有中英文店名及店标。

⑨标贴、标牌的基本品质要求：标贴为不干胶制品，标牌为纸制品或塑料制品，精致美观，富有艺术性，印有店标。

⑩晚安卡的基本品质要求：印刷精致，字迹醒目，中英文对照。

练习题

一、选择题

1. 客房双人床使用的特大双人床单规格一般选择（　　）为宜。
　A. 240 厘米 ×260 厘米　　　　　　B. 230 厘米 ×270 厘米
　C. 230 厘米 ×290 厘米　　　　　　D. 270 厘米 ×290 厘米

2. 客房使用的大号枕套规格一般选择（　　）为宜。
　A. 45 厘米 ×75 厘米　　　　　　　B. 55 厘米 ×80 厘米
　C. 55 厘米 ×95 厘米　　　　　　　D. 40 厘米 ×80 厘米

3. 国家星级饭店标准规定，一至二星级饭店客房使用的面巾尺寸规格为（　　）。
　A. 60 厘米 ×30 厘米　　　　　　　B. 55 厘米 ×30 厘米
　C. 40 厘米 ×30 厘米　　　　　　　D. 45 厘米 ×30 厘米

4. 国家星级饭店标准规定，四至五星级饭店客房使用的地巾尺寸规格为（　　），重量为（　　）。
　A. 60 厘米 ×35 厘米；250 克　　　B. 55 厘米 ×35 厘米；240 克
　C. 75 厘米 ×45 厘米；350 克　　　D. 80 厘米 ×45 厘米；400 克

5. 国家星级饭店标准规定，四至五星级饭店客房使用的方巾尺寸规格为（　　），重量为（　　）。
　A. 25 厘米 ×25 厘米；40 克　　　B. 30 厘米 ×30 厘米；45 克
　C. 32 厘米 ×32 厘米；55 克　　　D. 35 厘米 ×35 厘米；60 克

二、判断题

1. （　　）客房用品申购流程：使用部门→仓管部→总经理审批。
2. （　　）牙膏重量不低于 6 克，包装盒上图案、文字清晰。
3. （　　）星级饭店对浴巾的要求是规格不小于 1 400 毫米 ×800 毫米，重量不低于 600 克。
4. （　　）星级饭店对香皂重量的要求是不低于 30 克，最多可达 45 克。
5. （　　）星级饭店对晚安卡的基本品质要求：印刷精致，字迹醒目，中英文对照。

模块 ⑥

客房用品管理

精讲 ① 楼层库房物品的保管

一、领班负责楼层库房物品的领签

正常情况下领班负责其所管辖的楼层库房物品的领签。楼层库房的空间大小、客房出租率的高低都是在制订楼层库房物品领取计划时需要考虑的因素。通常各饭店客房部都会根据自己的情况制定一个规定并以书面形式固定下来，让各楼层领班按照这一规定实施，如有特殊情况也基本能满足客人的需求。各种客房用品主要是在楼层使用中消耗的，因此，建立楼层物品、客房用品的领班责任制，是客房部管理好楼层物品、客房用品的关键所在。

二、各类客房物品的配备标准

客房内所配备的客房用品，要以客房的类别和档次为依据，在品种、数量、规格、质量及摆放要求等方面应有统一的标准，并制成表格，比如家具更新维修表、洗涤更新项目表等。最常见的就是易耗品替换项目表，此表供日常发放、配置、检查和培训时使用。

三、楼层小库房储存标准

楼层小库房应该储存客房用品，以供楼层周转使用。客用消耗品的储备量通常以一周使用量为标准，其他非消耗品则根据各楼层的客房数量及客情等具体情况确定储量标准。对于楼层小库房所储备的物品，也应将品种、数量等用卡条或表格列明，并贴在库房内，供盘点和申领时对照。

四、楼层库房物品的保管

各饭店中客房部领班的设置各异，但不管怎样设置，由一名领班负责几层楼、几个库房，都应按照领班负责制的要求，做到专人领发、专人保管、责任到人，不应多人经手。如果领班休息或临时有事交给他人负责，也必须严格履行有关手续。储存和配置在各处的物品要由专人保管，做到谁管谁用，谁用谁管，各人对所管、所用的物品负责，避免职责不明、责任不清，导致物品的浪费和流失。为了使楼层库房的物品保管好，应制定相应措施，如防止流失；合理使用；避免库存积压，防止自然损耗；完善制度；加强统计分析等。客房部要对照消耗定额标准和有关制度实施奖惩。只要实际情况与消耗定额标准偏差较大，就必须分析原因，找出处理的办法。但一段时间内，如果客房出租率急剧上升，超出预定出租率，使物品使用过量，则属正常消耗。

精讲 ② 掌握客房用品的储备量

一、根据客观条件制定储备量

饭店星级的高低、规模的大小、客房楼层的物品储存空间的大小等都是决定客房用品数量的因素，因此，储备多少客房用品没有一个统一的标准。如果储存少了，要常申报、常领取；如果储存多了，则会造成积压，不利于管理。根据客观条件制定储备量，主要指的是根据本饭店的经营理念、责任制度和具体楼层库房大小制定储备量。

二、根据客房的数量制定储备量

各楼层客房用品的储备量，应根据客房的数量来确定。例如，一层楼 70 间客房与一层楼 30 间客房的客房用品储备量肯定是不同的。

三、消耗定额的制定

制定客房用品消耗定额，就是以一定时期内为完成客房接待任务所必须消耗物资用品的数量标准为基础，确定客房用品消耗定额，并逐月分解和落实到每个楼层，以加强计划管理，用好客房用品，达到增收节支的目的。

四、表格填写常识

（1）数据真实。报表和图表中所反映的各项数据必须真实，各个栏目之间的有关数据必须衔接一致。

（2）内容完整。必须按照客房部表格的要求进行填写，应填写栏目必须填齐，不得遗漏。

（3）报送及时。所有的表格、图表必须在规定时间内完成，及时报送。

（4）特殊要求。个别表格需要一式两份或一式三份，同时在表格上要使用统一的编号。另外，填制人姓名和填制时间、批准人姓名和批准时间、接收人签章和时间都应按照特殊的要求正确填写。

精讲 **3** **客房用品控制方法**

一、根据客房等级领签不同等级的客房用品

客房用品又可称日常客房用品，主要是供客人使用的生活资料。在客房部的费用中，客房用品的耗费占较大的比重，但伸缩性很大。因为它涉及的品种多，使用的频率高、数量大，又加上这些用品具有很强的实用性，是每个人都用得上的生活资料，故容易疏漏的环节也多。所以，加强客房用品的控制，是客房用品管理最重要的一环。

通常高星级饭店的客房用品可分为两个档次：一种是普通房间摆放的客房用品；另一种是豪华房间或重要客人房间摆放的客房用品，客房部要按照客房等级发放客房用品。高档的客房用品称为精装客房用品，例如牙具，普通房间用简装，豪华房间或重要客人房间就用精装，而精装牙具的外包装是一个精美的有机玻璃盒。

除了按房间等级（档次）发放一次性用品外，正常运转时还要看是否有重要任务。当楼层接到接待重要客人任务时，可凭重要客人通知单领取饭店专门为重要客人定制的客房用品。

二、通过工作表控制客房用品

在日常工作中，楼层对每个房间的客人使用客房用品的情况进行控制。

（1）客房服务员按规定和品种为客房配备和填补用品，并在客房服务员工作表上作好登记。

（2）领班凭客房服务员工作表对客房服务员使用客房用品情况进行核实，防止客房服务员偷懒或克扣客房用品据为己有等情况发生。

三、检查与督导

通过现场检查和督导，减少客房用品的浪费和损坏。

（1）督导客房服务员在引领客人进房时，必须按服务过程介绍房间设备用品的性能和使用方法，避免不必要的损坏。

（2）督导和检查客房服务员清扫房间的工作流程，杜绝员工野蛮操作。例如为了图省事而扔掉未使用过的消耗品。

四、建立客房用品责任制

各种客房用品的使用主要是在楼层进行的，因此，使用的好坏和定额标准的掌握关键在领班，建立楼层客房用品的领班责任制和客房服务员责任制，并与奖惩制度结合起来，是客房部用品管理的关键环节。楼层可设一名行政领班和一名业务领班（如果一个楼层的

房间数量较少，可几个楼层设一个领班），行政领班负责楼层客房用品的领发和保管，同时协助业务领班做好客房服务员的清洁、接待服务工作的管理。

五、建立楼层家产管理档案

控制好一次性客房用品的使用量和管理好易耗品是领班的责任。低值易耗品也与一次性用品一样要建立家产管理档案，制成账本，平时如有变化一定要进行登记，以便有据可查。

精讲 ④ 客房用品使用量的计算

一、统计分析

客房用品的消耗量应每天汇总，每月统计，定期分析比较。

二、制定每月客房用品的使用量

（1）单项客用消耗品的消耗定额可用下列公式计算：

单项客用消耗品的消耗定额 = 每间/天客房的配置数 × 出租客房的间/天数 × 平均客房用品消耗率（平均客房用品消耗率 = 消耗数量/配置数量）

（2）全部客用消耗品的消耗定额可用下列公式计算：

全部客用消耗品的消耗定额 = 每间客房配置的客房用品的总金额 × 出租客房的间/天数 × 平均客房用品消耗率

精讲 ⑤ 布草管理

一、确定楼层布草间的基本储存量

1. 确定单间（标准间）配备量

客房布草的配备需有合理的定额标准，要防止定额不合理（过多或过少）而影响客房布草的正常供应及造成无谓的浪费和损耗。

（1）毛巾类。浴巾、面巾、方巾每个房间各两条，地巾（脚垫）每个房间一条，浴衣每张床一件。

（2）床上用品。中式床每张床配置床单、被套各一张，枕套每张床不少于两个，褥垫每张床一张，窗帘每个窗户一套。

确定标准间配备量后，整个客房部的布草总数按客房出租率为100%的需求量配备。

2. 确定年度耗损率

耗损率是指布草的磨损程度。为了保持饭店的规格和服务水准，饭店对布草要进行更换和添补。确定耗损率的基本准则有以下两条：

（1）根据饭店自身等级的要求。不同类型和等级的饭店确定的布草陈旧标准是不同的。例如，豪华饭店六成新的布草就要被淘汰，改作他用；而经济型饭店的布草则要用到破损才被淘汰。因此，饭店应根据自身的等级要求确定耗损标准。

（2）根据布草的洗涤寿命。不同质地的布草有不同的洗涤寿命。例如，全棉床单的耐洗次数为250—300次，混纺的略大于此数；全棉枕套的耐洗次数约为150次；毛巾类约为150次。但如果送店外的洗涤公司洗涤，洗涤寿命将降低；如果饭店自己的洗涤条件差，加上不按洗涤程序和规范进行操作，也会降低耐洗次数。

3. 布草盘点

饭店大约一个月对布草进行一次盘点。通过盘点，了解布草的使用、消耗和储存情况，发现问题及时处理。布草盘点要认真、细致和全面。盘点前，要将盘点的日期和时间通知有关人员；盘点时，对现有布草进行检查、核对、统计（最好停止布草的流动，以防止漏盘和重盘），然后与定额进行比较，得出盘盈和盘亏的数据，采取相应的措施；盘点后必须填写布草盘点统计表。

二、布草的类别与规格

1. 布草的分类
（1）床上布草：床单、被套、枕套、褥垫、床罩、床裙等。
（2）卫生间布草：浴衣、大浴巾、小浴巾、面巾、方巾、地巾等。
（3）其他布草：纱窗帘、遮光窗帘、帷幔、沙发套、小酒吧的餐巾等。
2. 布草的规格
布草的规格见表6-1和表6-2。

表6-1 床上布草尺寸规格

类别	参考尺寸	计算方法
单人床单（床：100厘米×190厘米）	160厘米×240厘米	在床的长、宽基础上各加60厘米左右（不含缩水率）
双人床单（床：150厘米×200厘米）	210厘米×260厘米	
大号双人床单（床：165厘米×205厘米）	230厘米×270厘米	
特大双人床单（床：180厘米×210厘米）	270厘米×290厘米	
普通枕套（枕芯：45厘米×65厘米）	50厘米×80厘米	在枕芯的宽度基础上加5厘米，在枕芯的长度基础上加20厘米左右（不含缩水率）
大号枕套（枕芯：50厘米×75厘米）	55厘米×95厘米	

表6-2 卫生间布草尺寸规格

类别	尺寸（厘米）	重量（克）	饭店档次
大浴巾	120×60	400	一、二星级
	130×70	500	三星级
	140×80	600	四、五星级
小浴巾	100×34	125	无明确规定
面巾	55×30	110	一、二星级
	60×30	120	三星级
	70×35	140	四、五星级
地巾	65×40	320	一、二星级
	70×40	320	三星级
	75×45	350	四、五星级
方巾	30×30	45	三星级
	32×32	55	四、五星级
浴衣	大、中、小（号）	不定	四、五星级
备注	地巾可以是正方形也可以是长方形		

三、楼层布草房管理基本要求

1. 布草的保养

（1）尽量减少库存时间；

（2）新布草必须经洗涤后才能投入使用；

（3）备用布草要按先进先出的原则投入使用；

（4）洗涤后的布草要在搁架上放置一段时间，以利其散热透气；

（5）要消除污染和损坏布草的隐患。

2. 布草的储存

（1）具有适当的温度和湿度。库房的温度以不超过20℃为佳，湿度不大于50%，最好是在40%以下。

（2）通风透气，防止微生物繁殖。

（3）墙面材料须经过防渗漏、防霉蛀处理，地面材料以PVC地砖为佳。

（4）保持清洁。

（5）布草分类上架并附有货卡。

（6）布草房不能存放其他物品，特别是化学物品和食品。

（7）布草上应加防护罩，以防止积尘、变色。

（8）要有消防设施。

（9）布草房限制无关人员进出。

（10）定期进行安全检查。

四、布草日常管理

1. 客房布草的管理和控制

（1）分类存放。将布草分类存放的目的是方便发放，同时方便盘点和查库工作。

（2）定点定量。由于布草平时分散在各处，为了便于使用和盘点等，存放必须定点、定量。凡是与布草使用和保管等有关的员工，都必须知道布草应该存放的地点、放置的具体位置、种类、数量及摆放方法。

2. 建立布草报废程序

在工作中客房服务员如果发现可能报废的布草，要及时把它挑拣出来并上报主管经理。报批要求如下：

（1）报废条件：

①使用期限已到，为了保证质量标准要及时报废；

②由于某种原因导致布草损坏，无法修补；

③有无法清除的污迹。

（2）报批手续。布草报废须有严格的核对、审批手续。客房服务员在清洁时发现不合格布草要及时挑出来，由主管来认定，同时填写布草报废单，报客房部经理审批。

五、使用中的布草的注意事项

（1）必须能够满足客房出租率达100%的使用和周转需要；

（2）必须能够满足客房一天24小时运营的使用和周转需要；

（3）必须能够适应洗衣房的工作制度对布草周转所造成的影响；

（4）符合饭店关于布草换洗的规定和要求；

（5）考虑布草调换、补充的周期及可能发生的周转差额和损耗流失等情况；

（6）能够保证洗熨过的布草有一段保养时间。

练习题

一、选择题

1. 使用中的布草应能够满足客房出租率达（　　）时的使用和周转需要。
   A. 100%　　　　　　B. 95%　　　　　　C. 90%　　　　　　D. 80%

2. 客房特大双人床使用的床单尺寸规格为（　　）。
   A. 220 厘米 ×140 厘米　　　　　　B. 270 厘米 ×290 厘米
   C. 200 厘米 ×180 厘米　　　　　　D. 230 厘米 ×270 厘米

3. 客房标准间使用的普通枕套规格一般选择（　　）为宜。
   A. 50 厘米 ×60 厘米　　　　　　B. 60 厘米 ×80 厘米
   C. 55 厘米 ×95 厘米　　　　　　D. 50 厘米 ×80 厘米

4. 凡是与布草使用和保管等有关的员工，都必须知道布草应该存放的地点、放置的具体位置、种类、（　　）及摆放方法。
   A. 常识　　　　　B. 规定　　　　　C. 要求　　　　　D. 数量

5. 一、二星级饭店客房使用的大浴巾规格一般选择（　　），重量（　　）为宜。
   A. 120 厘米 ×60 厘米；400 克　　　　　　B. 130 厘米 ×70 厘米；500 克
   C. 100 厘米 ×50 厘米；300 克　　　　　　D. 90 厘米 ×45 厘米；250 克

二、判断题

1. （　　）床上布草主要包括床单、被套、枕套、褥垫、床裙等。
2. （　　）高星级饭店客房的客房用品按照统一标准发放。
3. （　　）对于酒店来说，任何时候客房用品使用过量都是不正常现象。
4. （　　）全棉床单的耐洗次数为 200—250 次。
5. （　　）使用中的布草必须能够适应洗衣房的工作制度对布草周转所造成的影响。

相关法律、法规常识

《劳动法》相关知识

一、劳动法

劳动法是指调整劳动关系以及与劳动关系密切联系的社会关系的法律规范的总称，包括《中华人民共和国劳动法》（以下简称《劳动法》）及其他相关法律、法规。

我国劳动法的基本原则是：

（1）公民有劳动的权利和义务；

（2）各尽所能，按劳分配，在发展生产的基础上提高劳动报酬和福利待遇；

（3）劳动者享有休息和劳动保护的权利；

（4）劳动者有获得物质帮助的权利；

（5）劳动者有遵守劳动纪律的义务；

（6）劳动者有权依法参加和组织工会及参与民主管理；

（7）在劳动方面，男女平等、民族平等。

二、劳动合同

劳动合同是劳动者与用人单位确立劳动关系，明确双方权利和义务的协议。建立劳动关系应当订立劳动合同。

劳动合同的基本内容就是规定用人单位和劳动者双方的权利及义务。在不违背国家法律的前提下，劳动合同一经签订即具有法律效力，成为双方必须遵守的行为准则，违者要承担法律责任。在现代法制社会里，用人单位与劳动者之间存在着错综复杂的利益关系，只有用法律手段才能有效地加以规范。劳动合同制度是我国劳动制度现代化和法制化的重要手段。

劳动合同按照合同期限分为三种：固定期限劳动合同、无固定限期劳动合同和以完成一定的工作为期限的劳动合同。

我国《劳动法》还规定，企业职工一方可以与企业签订集体合同。集体合同是由工会代表职工（没有建立工会的，由职工推举代表）与企业就劳动报酬、工作时间、休息休假、劳动安全卫生、保险福利等事项经过协商一致后签订的书面协议。集体合同制度有利于充分发挥工会的积极性，从整体上维护劳动者的合法权益。

1. **劳动合同的订立**

（1）订立和变更劳动合同，应当遵循平等自愿、协商一致的原则，不得违反法律、行政法规的规定。劳动合同依法订立后即具有法律约束力，当事人必须履行劳动合同规定的义务。

（2）下列劳动合同无效：

①违反法律、行政法规的劳动合同；

②采取欺诈、威胁等手段订立的劳动合同。

无效的劳动合同，从订立的时候起就没有法律约束力。确认劳动合同部分无效的，如果不影响其余部分的效力，其余部分仍然有效。劳动合同的无效，由劳动争议仲裁委员会或者人民法院确认。

（3）劳动合同应当以书面形式订立，并具有以下条款：

①劳动合同期限；

②工作内容；

③劳动保护和劳动条件；

④劳动报酬；

⑤劳动纪律；

⑥劳动合同中止的条件；

⑦违反劳动合同的责任。

劳动合同除前款规定的必备条款外，当事人可以协商约定其他内容。

（4）劳动者在同一用人单位连续工作满十年、当事人双方同意续延劳动合同的，如果劳动者提出订立无固定期限劳动合同，应当订立无固定限期劳动合同。

（5）劳动合同可以约定试用期，但试用期最长不得超过六个月。

（6）劳动合同当事人可以在劳动合同中约定保守用人单位商业秘密的有关事项。

2. **劳动合同的解除**

（1）劳动期满或者当事人约定的劳动合同终止条件出现，劳动合同即行终止。

（2）经劳动合同当事人协商一致，劳动合同可以解除。

（3）劳动者有下列情形之一的，用人单位可以解除劳动合同：

①在试用期间被证明不符合录用条件的；

②严重违反劳动纪律或者用人单位规章制度的；

③严重失职，营私舞弊，对用人单位利益造成重大损害的；

④被依法追究刑事责任的。

（4）有下列情形之一的，用人单位可以解除劳动合同，但是应该提前三十日以书面形式通知劳动者本人。

①劳动者患病或者非因工负伤，医疗期满后，不能从事原工作也不能从事由用人单位另行安排的工作的；

②劳动者不能胜任工作，经过培训或者调整工作岗位仍不能胜任工作的；

③劳动合同订立时所依据的客观情况发生重大变化，致使原劳动合同无法履行，经当事人协商不能就变更劳动合同达成协议的。

（5）用人单位濒临破产进行法定整顿期间或者生产经营状况发生严重困难，确需裁减人员的，应当提前三十日向工会或者全体职工说明情况，听取工会或者职工的意见，经向劳动行政部门报告后，可以裁减人员，但在六个月内录用人员时，应当优先录用被裁减的人员。

《劳动法》第二十八条规定：用人单位依据本法第二十四条、第二十六条、第二十七条的规定解除劳动合同的，应当依照国家有关规定给予经济补偿。

第二十九条规定：劳动者有下列情形之一的，用人单位不得依据本法第二十六条、第二十七条的规定解除劳动合同：

①患职业病或者因工负伤并被确认丧失或者部分丧失劳动能力的；

②患病或者负伤，在规定的医疗期内的；

③女职工在孕期、产期、哺乳期内的；

④法律、行政法规规定的其他情形。

第三十条规定：用人单位解除劳动合同，工会认为不适当的，有权提出意见。如果用人单位违反法律、法规或者劳动合同，工会有权要求重新处理；劳动者申请仲裁或者提起诉讼的，工会应当依法给予支持和帮助。

第三十一条规定：劳动者解除劳动合同，应当提前三十日以书面形式通知用人单位。

第三十二条规定：有下列情形之一的，劳动者可以随时通知用人单位解除劳动合同：

①在试用期内的；

②用人单位以暴力、威胁或者非法限制人身自由的手段强迫劳动的；

③用人单位未按照劳动合同约定支付劳动报酬或者提供劳动条件的。

第三十三条规定：企业职工一方与企业可以就劳动报酬、工作时间、休息休假、劳动安全卫生、保险福利等事项签订集体合同。集体合同草案应当提交职工代表大会或者全体职工讨论通过。

第三十四条规定：集体合同签订后应当报送劳动行政部门；劳动行政部门自收到集体合同文本之日起十五日内未提出异议的，集体合同即行生效。

第三十五条规定：依法签订的集体合同对企业和企业全体职工具有约束力。职工与企业订立的劳动合同中劳动条件和劳动报酬等标准不得低于集体合同的规定。

三、权利与义务

1. 劳动者享有的权利和义务

《劳动法》第三条规定：劳动者享有平等就业和选择职业的权利、取得劳动报酬的权利、休息休假的权利、获得劳动安全卫生保护的权利、接受职业技能培训的权利、享受社会保险和福利的权利、提请劳动争议处理的权利以及法律规定的其他劳动权利。

劳动者应当完成劳动任务，提高职业技能，执行劳动安全卫生规程，遵守劳动纪律和职业道德。

2. 工作时间和休息休假

（1）《劳动法》第三十六条规定：国家实行劳动者每日工作时间不超过八小时、平均每周工作时间不超过四十四小时的工时制度。

（2）第三十八条规定：用人单位应当保证劳动者每周至少休息一日。

（3）第四十四条规定：有下列情形之一的，用人单位应当按照下列标准支付高于劳动者正常工作时间工资的工资报酬：

①安排劳动者延长工作时间的，支付不低于工资的百分之一百五十的工资报酬；

②休息日安排劳动者工作又不能安排补休的，支付不低于工资的百分之两百的工资报酬；

③法定休假日安排劳动者工作的，支付不低于工资的百分之三百的工资报酬。

第四十五条规定：国家实行带薪年休假制度。

劳动者连续工作一年以上的，享受带薪年休假，具体办法由国务院规定。

3. 劳动安全与女职工的特殊保护

（1）劳动安全。

《劳动法》第五十二条规定：用人单位必须建立、健全劳动安全卫生制度，严格执行国家劳动安全卫生规程和标准，对劳动者进行劳动安全卫生教育，防止劳动过程中的事故，减少职业危害。

第五十三条规定：劳动安全卫生设施必须符合国家规定的标准。

新建、改建、扩建工程的劳动安全卫生设施必须与主体工程同时设计、同时施工、同时投入生产和使用。

第五十四条规定：用人单位必须为劳动者提供符合国家规定的劳动安全卫生条件和必要的劳动防护用品，对从事有职业危害作业的劳动者应当定期进行健康检查。

第五十五条规定：从事特种作业的劳动者必须经过专门培训并取得特种作业资格。

第五十六条规定：劳动者在劳动过程中必须严格遵守安全操作规程。

劳动者对用人单位管理人员违章指挥、强令冒险作业，有权拒绝执行；对危害生命安全和身体健康的行为，有权提出批评、检举和控告。

第五十七条规定：国家建立伤亡事故和职业病统计报告与处理制度。县级以上各级人民政府劳动行政部门、有关部门和用人单位应当依法对劳动者在劳动过程中发生的伤亡事故和劳动者的职业病状况，进行统计、报告和处理。

（2）女职工的特殊保护。

《劳动法》第五十八条规定：国家对女职工和未成年工实行特殊保护。

第五十九条规定：禁止安排女职工从事矿山井下、国家规定的第四级体力劳动强度的劳动和其他禁忌从事的劳动。

第六十条规定：不得安排女职工在经期从事高处、低温、冷水作业和国家规定的第三级体力劳动强度的劳动。

第六十一条规定：不得安排女职工在怀孕期间从事国家规定的第三级体力劳动强度的劳动和孕期禁忌从事的劳动。对怀孕七个月以上的女职工，不得安排其延长工作时间和夜班劳动。

第六十二条规定：女职工生育享受不少于九十天的产假。

第六十三条规定：不得安排女职工在哺乳未满一周岁的婴儿期间从事国家规定的第三级体力劳动强度的劳动和哺乳期禁忌从事的其他劳动，不得安排其延长工作时间和夜班劳动。

4. 培训与社会保险

（1）培训。

《劳动法》第六十六条规定：国家通过各种途径，采取各种措施，发展职业培训事业，开发劳动者的职业技能，提高劳动者素质，增强劳动者的就业能力和工作能力。

第六十七条规定：各级人民政府应当把发展职业培训纳入社会经济发展的规划，鼓励和支持有条件的企业、事业组织、社会团体和个人进行各种形式的职业培训。

第六十八条规定：用人单位应当建立职业培训制度，按照国家规定提取和使用职业培训经费，根据本单位实际，有计划地对劳动者进行职业培训。

从事技术工种的劳动者，上岗前必须经过培训。

第六十九条规定：国家确定职业分类，对规定的职业制定职业技能标准，实行职业资格证书制度，由经过政府批准的考核鉴定机构负责对劳动者实施职业技能考核鉴定。

（2）社会保险。

《劳动法》第七十条规定：国家发展社会保险事业，建立社会保险制度，设立社会保险基金，使劳动者在年老、患病、工伤、失业、生育等情况下获得帮助和补偿。

第七十二条规定：社会保险基金按照保险类型确定资金来源，逐步实行社会统筹，用人单位和劳动者必须依法参加社会保险，缴纳社会保险费。

5. 劳动争议

《劳动法》第七十九条规定：劳动争议发生后，当事人可以向本单位劳动争议调解委员会申请调解；调解不成，当事人一方要求仲裁的，可以向劳动争议仲裁委员会申请仲裁。当事人一方也可以直接向劳动争议仲裁委员会申请仲裁。对仲裁裁决不服的，可以向人民法院提出诉讼。

第八十条规定：在用人单位内，可以设立劳动争议调解委员会。劳动争议调解委员会由职工代表、用人单位代表和工会代表组成。劳动争议调解委员会主任由工会代表担任。

劳动争议经调解达成协议的，当事人应当履行。

第八十一条规定：劳动争议仲裁委员会由劳动行政部门代表、同级工会代表、用人单位方面的代表组成。劳动争议仲裁委员会主任由劳动行政部门代表担任。

第八十二条规定：提出仲裁要求的一方应当自劳动争议发生之日起六十日内向劳动争议仲裁委员会提出书面申请。仲裁裁决一般应在收到仲裁申请的六十日内作出。对仲裁裁决无异议的，当事人必须履行。

第八十三条规定：劳动争议当事人对仲裁裁决不服的，可以自收到仲裁裁决书之日起十五日内向人民法院提出诉讼。一方当事人在法定期限内不起诉又不履行仲裁裁决的，另一方当事人可以申请人民法院强制执行。

精讲 ② 《消费者权益保护法》 相关知识

《中华人民共和国消费者权益保护法》（以下简称《消费者权益保护法》）于1993年10月31日经第八届全国人大常委会第四次会议通过，自1994年1月1日起施行。该法是保护消费者的合法权益，维护社会经济秩序，促进社会主义市场经济健康发展的一个重要法律。《消费者权益保护法》规定，经营者与消费者进行交易，应当遵循自愿、平等、公平、诚实信用的原则。

一、消费者的权利

国家保护消费者的合法权益不受侵害。保护消费者的合法权益是全社会的共同责任。《消费者权益保护法》规定消费者依法享有如下权利：

（1）消费者在购买、使用商品和接受服务时享有人身、财产安全不受侵害的权利。消费者有权要求经营者提供的商品和服务，符合保障人身、财产安全的要求。

（2）消费者享有知悉其购买、使用的商品或者接受的服务的真实情况的权利。消费者有权根据商品或者服务的不同情况，要求经营者提供商品的价格、产地、生产者、用途、性能、规格、等级、主要成分、生产日期、有效期限、检验合格证明、使用方法说明书、售后服务，或者服务的内容、规格、费用等有关情况。

（3）消费者享有自主选择商品或者服务的权利。消费者有权自主选择提供商品或者服务的经营者，自主选择商品品种或者服务方式，自主决定购买或者不购买任何一种商品、接受或者不接受任何一项服务。消费者在自主选择商品或者服务时，有权进行比较、鉴别和挑选。

（4）消费者享有公平交易的权利。消费者在购买商品或者接受服务时，有权获得质量保障、价格合理、计量正确等公平交易条件，有权拒绝经营者的强制交易行为。

（5）消费者因购买、使用商品或者接受服务受到人身、财产损害的，享有依法获得赔偿的权利。

（6）消费者享有依法成立维护自身合法权益的社会团体的权利。

（7）消费者享有获得有关消费和消费者权益保护方面的知识的权利。消费者应当努力掌握所需商品或者服务的知识和使用性能，正确使用商品，提高自我保护意识。

（8）消费者在购买、使用商品和接受服务时，享有其人格尊严、民族风俗习惯得到尊重的权利。消费者享有对商品和服务以及保护消费者权益工作进行监督的权利。消费者有权检举、控告侵害消费者权益的行为和国家机关及其工作人员在保护消费者权益工作中的违法失职行为，有权对保护消费者权益工作提出批评、建议。

国家采取措施，保障消费者依法行使权力，维护消费者的合法权益。国家鼓励、支持一切组织和个人对损害消费者合法权益的行为进行社会监督。大众传播媒介应当做好维护消费者合法权益的宣传，对损害消费者合法权益的行为进行舆论监督。

二、经营、服务者的义务

（1）经营、服务者向消费者提供商品或者服务，应当依照《中华人民共和国产品质量法》和其他有关法律、法规的规定履行义务。经营、服务者和消费者有约定的，应当按照约定履行义务，但双方的约定不得违背法律、法规的规定。

（2）经营、服务者应当听取消费者对其提供的商品或者服务的意见，接受消费者的监督。

（3）经营、服务者应当保证其提供的商品或者服务符合保障人身、财产安全的要求。对可能危及人身、财产安全的商品和服务，应当向消费者作出真实的说明和明确的警示，并说明和标明正确使用商品或者接受服务的方法以及防止危害发生的方法。经营、服务者发现其提供的商品或者服务存在严重缺陷，即使正确使用商品或者接受服务仍然可能对人身、财产安全造成危害的，应当立即向有关行政部门报告和告知消费者，并采取防止危害发生的措施。

（4）经营、服务者应当向消费者提供有关商品或者服务的真实信息，不得作引人误解的虚假宣传。经营、服务者对消费者就其提供的商品或者服务的质量和使用方法等问题提出的询问，应当作出真实、明确的答复。商店提供商品应当明码标价。

（5）经营、服务者应当标明其真实名称和标记。租赁他人柜台或者场地的经营、服务者，应当标明其真实名称和标记。经营、服务者提供商品或者服务，应当按照国家有关规定或者商业惯例向消费者出具购货凭证或者服务单据；消费者索要购货凭证或者服务单据的，经营、服务者必须出具。经营、服务者应当保证在正常使用商品或者接受服务的情况下，其提供的商品或者服务应当具有的质量、性能、用途和有效期限；但消费者在购买该商品或者接受该服务前已经知道其存在瑕疵的除外。经营、服务者以广告、产品说明、实物样品或者其他方式表明商品或者服务的质量状况的，应当保证其提供的商品或者服务的实际质量与表明的质量状况相符。

（6）经营、服务者提供商品或者服务，按照国家规定或者与消费者的约定，承担包修、包换、包退或者其他责任的，应当按照国家规定或者约定履行，不得故意拖延或者无理拒绝。

（7）经营、服务者不得以格式合同、通知、声明、店堂告示等方式作出对消费者不公平、不合理的规定，或者减轻、免除其损害消费者合法权益应当承担的民事责任。

（8）经营、服务者不得对消费者进行侮辱、诽谤，不得搜查消费者的身体及其携带的物品，不得侵犯消费者的人身自由。

三、法律责任

《消费者权益保护法》规定的法律责任主要包括民事责任和刑事责任。

（1）《消费者权益保护法》规定：经营者提供商品或者服务有下列情形之一的，除本法另有规定外，应当按照《中华人民共和国产品质量法》和其他有关法律、法规的规定，承担民事责任：

①商品或者服务存在缺陷的；

②不具备商品应当具备的使用性能而出售时未作说明的；

③不符合在商品或者其包装上注明采用的商品标准的；

④不符合商品说明、实物样品等方式表明的质量状况的；

⑤生产国家明令淘汰的商品或者销售失效、变质的商品的；

⑥销售的商品数量不足的；

⑦服务的内容和费用违反规定的；

⑧对消费者提出的修理、重做、更换、退货、补足商品数量、退还货款和服务费用或者赔偿损失的要求，故意拖延或者无理拒绝的；

⑨法律、法规规定的其他损害消费者权益的情形。

（2）经营、服务者提供商品或者服务，造成消费者或者其他受害人人身伤害的，应当支付医疗费、治疗期间的护理费、因误工减少的收入等费用；造成残疾的，还应当支付残疾者生活辅助具费、生活补助费、残疾赔偿金以及由其扶养的人所必需的生活费等费用；构成犯罪的，依法追究刑事责任。

（3）经营、服务者提供商品或者服务，造成消费者或者其他受害人死亡的，应当支付丧葬费、死亡赔偿金以及由死者生前扶养的人所必需的生活费等费用；构成犯罪的，依法追究刑事责任。

（4）经营、服务者违反《消费者权益保护法》第二十五条规定，侵害消费者的人格尊严或者侵犯消费者人身自由的，应当停止侵害，恢复名誉，消除影响，赔礼道歉，并赔偿损失。

（5）经营、服务者提供商品或者服务，造成消费者财产损害的，应当按照消费者的要求，以修理、重做、更换、退货、补足商品数量、退还货款和服务费用或者赔偿损失等方式承担民事责任。消费者与经营、服务者另有约定的，按照约定履行。

（6）对国家规定或者经营者与消费者约定包修、包换、包退的商品，经营者应当负责修理、更换或者退货。在保修期内两次修理仍不能正常使用的，经营者应当负责更换或者退货。对包修、包换、包退的大件商品，消费者要求经营者修理、更换、退货的，经营者应当承担运输费等合理费用。

（7）经营、服务者以预收款方式提供商品或者服务的，应当按照约定提供。未按照约定提供的，应当按照消费者的要求履行约定或者退回预付款，并应当承担预付款的利息、消费者支付的合理费用。

（8）经营、服务者提供商品或者服务有欺诈行为的，应当按照消费者的要求增加赔偿其受到的损失，增加赔偿的金额为消费者购买商品的价款或者接受服务的费用的一倍。

精讲 3 《治安管理处罚法》 相关知识

《中华人民共和国治安管理处罚法》（以下简称《治安管理处罚法》）于 2005 年 8 月 28 日经第十届全国人大常委会第十七次会议通过，自 2006 年 3 月 1 日起施行。该法是加强治安管理，维护社会秩序和公共安全，保护公民的合法权益，保障社会主义现代化建设的顺利进行的一个重要法规。

公安机关对违反治安管理，扰乱社会秩序，妨害公共安全，侵犯公民人身权利，侵犯公私财产，但又尚不够刑事处罚的人，坚持教育与处罚相结合的原则。

一、处罚的种类

对违反治安管理行为的处罚分为四种：

（1）警告；

（2）罚款；

（3）行政拘留；

（4）吊销公安机关发放的许可证。

二、处罚的运用

1. 一般处罚

（1）办理治安案件所查获的毒品、淫秽物品等违禁品，赌具、赌资，吸食、注射毒品的用具以及直接用于实施违反治安管理行为的本人所有的工具，应当收缴，按照规定处理。违反治安管理所得的财物，追缴退还被侵害人；没有被侵害人的，登记造册，公开拍卖或者按照国家有关规定处理，所得款项上缴国库。

（2）已满 14 周岁不满 18 周岁的人违反治安管理的，从轻或者减轻处罚；不满 14 周岁的人违反治安管理的，免予处罚，但是应责令其监护人严加管教。

（3）精神病人在不能辨认或者不能控制自己行为的时候违反治安管理的，不予处罚，但是应当责令其监护人严加看管和治疗。间歇性的精神病人在精神正常的时候违反治安管理的，应予处罚。

（4）盲人或者又聋又哑的人违反治安管理的，可以从轻、减轻或者不予处罚。

（5）醉酒的人违反治安管理的，应当给予处罚。醉酒的人在醉酒状态中，对本人有危险或者对他的人身、财产或者公共安全有威胁的，应当对其采取保护性措施约束至酒醒。

（6）有两种以上违反治安管理行为的，分别决定，合并执行。行政拘留处罚合并执行的，最长不超过 20 日。

（7）共同违反治安管理的，根据违反治安管理行为人在违反治安管理行为中所起的作用，分别处罚。教唆、胁迫、诱骗他人违反治安管理的，按照其教唆、胁迫、诱骗的行为处罚。

（8）单位违反治安管理的，对其直接负责的主管人员和其他直接责任人员依照《治安管理处罚法》的规定处罚。其他法律、行政法规对同一行为规定给予单位处罚的，依照其规定处罚。

（9）违反治安管理有下列情形之一的，减轻处罚或者不予处罚：

①情节特别轻微的；

②主动消除或者减轻违法后果，并取得被侵害人谅解的；

③出于他人胁迫或者诱骗的；

④主动投案，向公安机关如实陈述自己的违法行为的；

⑤有立功表现的。

（10）违反治安管理有下列情形之一的，从重处罚：

①有较严重后果的；

②教唆、胁迫、诱骗他人违反治安管理的；

③对报案人、控告人、举报人、证人打击报复的；

④6 个月内曾受过治安管理处罚的。

2. 具体运用

《治安管理处罚法》规定：有下列行为之一的，处警告或者 200 元以下罚款；情节较重的，处 5 日以上 10 日以下拘留，可以并处 500 元以下罚款：

（1）扰乱机关、团体、企业、事业单位秩序，致使工作、生产、营业、医疗、教学、科研不能正常进行，尚未造成严重损失的；

（2）扰乱车站、港口、码头、机场、商场、公园、展览馆或者其他公共场所秩序的；

（3）扰乱公共汽车、电车、火车、船舶、航空器或者其他公共交通工具上的秩序的；

（4）非法拦截或者强登、扒乘机动车、船舶、航空器以及其他交通工具，影响交通工具正常行驶的；

（5）破坏依法进行的选举秩序的。

聚众实施前款行为的，对首要分子处 10 日以上 15 日以下拘留，可以并处 1 000 元以下罚款。

精讲 ④　《旅馆业治安管理办法》相关知识

"没有安全就没有旅游事业。"《旅馆业治安管理办法》（以下简称《管理办法》）于1987年9月23日经国务院批准，同年11月10日由公安部发布执行。制定该办法的目的是保障旅馆业的正常经营和旅客的生命财产安全，维护社会治安。

根据《管理办法》第十九条规定，省、自治区、直辖市公安厅（局）可根据本办法制定实施细则。北京市人民政府于1990年9月11日批准、北京市公安局于同年10月22日发布了《北京市实施〈旅馆业治安管理办法〉细则》（以下简称《细则》），作为学习《管理办法》的参考，本书将该《细则》有关条款一并介绍。

一、关于旅馆安全管理

1. 安全设施

《管理办法》第三条规定：开办旅馆，其房屋建筑、消防设备、出入口和通道等，必须符合《中华人民共和国消防法》等有关规定，并且要具备必要的防盗安全设施。

《细则》第三条具体规定：开办旅馆须符合下列安全条件：

（1）房屋建筑、出入口和通道等，必须符合建筑安全、消防安全规定，并经有关部门验收合格。利用地下室和人防工程开办旅馆，须设两个以上出入口。距出入口最远的客房不得超过60米，且通风良好。

利用人防工程开办旅馆，按照《北京市实施〈人民防空工程维护管理规定〉的细则》办理。

（2）有相应的消防设备、设施，并保持完好有效。

（3）有固定的从业人员和必要的治安防范措施。

军事禁区、重要仓库和要害部门周围规定的范围内，不得开办旅馆。

2. 安全制度

《管理办法》第五条规定：经营旅馆，必须遵守国家的法律，建立各项安全管理制度，设置治安保卫组织或者指定安全保卫人员。

第十四条规定：公安机关对旅馆治安管理的职责是指导、监督旅馆建立各项安全管理制度和落实安全防范措施，协助旅馆对工作人员进行安全业务知识的培训，依法惩办侵犯旅馆和旅客合法权益的违法犯罪分子。

公安人员到旅馆执行公务时，应当出示证件，严格依法办事，要文明礼貌待人，维护旅馆的正常经营和旅客的合法权益。旅馆工作人员和旅客应当予以协助。

《细则》第五条具体规定：经营旅馆，必须遵守下列治安管理规定：

（1）大中型旅馆要建立治安保卫组织，小型旅馆要设专职或兼职治安保卫人员。

（2）建立健全门卫、值班、情况报告等各项安全管理制度。

（3）接待旅客住宿，必须设专人查验旅客身份证件，按公安机关规定的项目如实登记，并发给旅客住宿证明。登记材料应按规定妥善保管，满 3 年后，交当地公安机关统一处理。

接待境外旅客住宿，应填写临时住宿登记表，并在 24 小时内报送主管公安机关。

（4）建立旅客会客验证登记制度；在客房会客时间不得超过 23 小时。

（5）服务台昼夜有人值班；客房区不设服务台的楼层，昼夜有人值班巡查。

（6）设置旅客财物、行李保管室或保险箱、柜，指定专人负责保管。对旅客寄存的财物要当面验清，建立登记、领取和交接制度。公共区域内临时存放团体旅客的行李，应加盖行李罩，并有人看守。

（7）客房床柜，应保证室内行走方便，不得自行增设床位。

（8）不得用色相招徕旅客；不得为卖淫、嫖娼提供条件；不得纵容、包庇赌博、卖淫、嫖娼等违法犯罪活动。

（9）安置旅客住宿，除直系亲属外，应以男女分别安置为原则。

（10）妥善保管旅客遗留的财物，并设法归还物主或揭示招领；经招领 3 个月后无人认领的，应登记造册，送交当地公安机关。对旅客遗弃的违禁物品和可疑物品，旅馆保卫部门应指定专人负责保管，并及时报告当地公安机关处理。

（11）附设宴会厅、舞厅、歌厅、游泳池、健身房、酒吧等公共娱乐场所的，应设立衣帽间，并有专人维持秩序。公共娱乐场所、商业区与客房区之间应分隔开；无法分割开的，应在连接客房区的通道处设专人管理。

（12）对旅馆工作人员进行安全业务培训。未经培训的，不得上岗。

（13）在旅馆内举办展览、展销、文艺、体育等活动，应按有关规定报告当地公安机关。

（14）对旅客进行防盗、防火、防灾害事故的宣传教育。

（15）遵守国家和本市其他有关法律、法规、规章。

3. 严令禁止的物品和活动

《管理办法》第十一条规定：严禁旅客将易燃、易爆、剧毒、腐蚀性和放射性等危险物品带入旅馆。

第十二条规定：旅馆内，严禁卖淫、嫖宿、赌博、吸毒、传播淫秽物品等违法犯罪活动。

第十三条规定：旅馆内，不得酗酒滋事，大声喧哗，影响他人休息，旅客不得私自留客住宿或者转让床位。

《细则》第六条具体规定：旅客住宿必须遵守下列规定：

（1）向旅馆工作人员交验居民身份证或护照，或其他能够证明本人身份的证件。按规定登记住宿。

（2）携带的贵重物品，应及时寄存。

（3）禁止私自留客住宿或转让、转租房间、床位。不经旅馆工作人员同意，不准自行倒换房间、床位。

（4）禁止在客房内增设电加热设备。特殊情况需要增设电加热设备的，须经旅馆同意，并由旅馆派人安装。

（5）严禁将枪支、弹药和剧毒、放射性、腐蚀性、易燃、易爆等危险物品带入旅馆。

（6）遵守旅馆各项管理制度。

二、关于旅馆工作人员安全责任

《管理办法》第九条规定：旅馆工作人员发现违法犯罪分子、形迹可疑的人员和被公安机关通缉的罪犯，应当立即向当地公安机关报告，不得知情不报或隐瞒包庇。

《细则》第七条规定：旅馆及其工作人员应认真执行《旅馆业治安管理办法》和本《细则》，如实向公安人员反映情况，协助工作。发现旅客违反本《细则》和管理制度的，应予劝阻和制止；对不听劝阻、制止的，或发现有违法犯罪活动和行迹可疑的人员，应立即向旅馆保卫部门或当地公安机关报告。

旅馆工作人员不得利用工作之便，进行违法犯罪活动。

精讲 ⑤ 　　　**《旅游安全管理暂行办法》 相关知识**

《旅游安全管理暂行办法》（以下简称《暂行办法》）1990 年 2 月 20 日由中华人民共和国国家旅游局令第 1 号发布，制定该暂行办法的目的是贯彻"安全第一，预防为主"的方针，加强旅游安全管理工作，保障旅游者人身、财产安全。

为贯彻落实该暂行办法，国家旅游局于 1994 年 1 月 22 日又颁布了《旅游安全管理暂行办法实施细则》（以下简称《实施细则》）。现将涉及饭店业的主要条款介绍如下：

一、安全管理

（1）《暂行办法》要求各级旅游行政管理部门，遵循统一指导、分级管理，以基层为主为原则，必须建立和完善旅游安全管理机构，在当地政府的领导下，会同有关部门，对旅游安全进行管理，并且规定了旅游安全管理机构的职责：

①指导、督促、检查本地区旅游企业、事业单位贯彻执行本办法及国家制定的涉及旅游安全的各项法规的情况；

②组织、实施旅游安全教育和宣传；

③会同有关部门对旅游企业、事业单位进行开业前的安全设施检查验收工作；

④督促、检查旅游企业、事业单位落实有关旅游者人身、财务安全的保险制度；

⑤受理旅游者有关安全问题的投诉，并会同有关部门妥善处理；

⑥建立和健全安全检查工作制度，定期召开安全工作会议；

⑦参与涉及旅游者人身、财务安全的事故处理。

（2）在《实施细则》中，对旅游饭店等企业、事业单位的安全管理工作职责作了进一步的规定：

①设立安全管理机构，配备安全管理人员；

②建立安全规章制度，并组织实施；

③建立安全管理责任制，将安全管理的责任落实到每个部门、每个岗位、每个职工；

④接受当地旅游行政管理部门对旅游安全管理工作的行业管理和监督、检查；

⑤把安全教育、职工培训制度化、经常化，培养职工的安全意识，普及安全常识，提高安全技能；对新招聘的职工，必须经过安全培训，合格后才能上岗；

⑥新开业的旅游企事业单位，在开业前必须向当地旅游行政管理部门申请对安全设施设备、安全管理机构、安全规章制度的检查验收，检查验收不合格者，不得开业；

⑦坚持日常的安全检查工作，重点检查安全规章制度的落实情况和安全管理漏洞，及时消除安全隐患；

⑧对用于接待旅游者的汽车、游船和其他设施，要定期进行维修和保养，使其始终处于良好的安全技术状态，在运行前进行全面的检查，严禁带故障运行；

⑨对旅游者的行李要有完备的交接手续，明确责任，防止损坏或丢失；

⑩在安排旅游团队的游览活动时，要认真考虑可能影响安全的诸项因素，制订周密的行程计划，并注意避免司机处于过分疲劳状态；

⑪负责为旅游者投保；

⑫直接参与处理涉及单位的旅游安全事故，包括事故处理、善后处理及赔偿事项等；

⑬开展登山、狩猎、探险等特殊旅游项目时，要事先制定周密的安全保护预案和急救措施，重要团队必须按规定报有关部门审批。

二、事故处理

（1）《暂行办法》规定：事故发生单位在事故发生后，应按下列程序处理：

①陪同人员应立即上报主管部门，主管部门应当及时报告归口管理部门；

②会同事故发生地的有关单位严格保护现场；

③协同有关部门进行抢救、侦查；

④有关单位负责人应及时赶赴现场处理；

⑤对特别重大事故，应当严格按照国务院《特别重大事故调查程序暂行规定》进行处理。

（2）《实施细则》指出：凡涉及旅游者人身、财务安全的事故均为旅游安全事故，并将旅游安全事故分为轻微、一般、重大和特大事故四个等级，分别作出如下界定：

①轻微事故是指一次事故造成旅游者轻伤，或经济损失在1万元以下者；

②一般事故是指一次事故造成旅游者重伤，或经济损失在1万至10万（含1万）元者；

③重大事故是指一次事故造成旅游者死亡或旅游者重伤致残，或经济损失在10万至100万（含10万）元者；

④特大事故是指一次事故造成旅游者死亡多名，或经济损失在100万元以上，或性质特别严重，产生重大影响者。

《实施细则》还对事故处理作出如下补充规定：

①事故发生后，现场有关人员应立即向本单位和当地旅游行政管理部门报告；

②地方旅游行政管理部门在接到一般、重大、特大安全事故报告后，要尽快向当地人民政府报告，对重大、特大安全事故，要同时向国家旅游行政管理部门报告；

③一般、重大、特大安全事故发生后，地方旅游行政管理部门和有关旅游企事业单位要积极配合有关方面，组织对旅游者进行紧急求援，并妥善处理善后事宜。

（3）《暂行办法》规定：处理外国旅游者重大伤亡事故时，应当注意下列事项：

①立即通过外事管理部门通知有关国家驻华使领馆和组团单位；

②为前来了解、处理事故的外国使领馆人员和组团单位及伤亡者家属提供方便；

③与有关部门协调，为国际急救组织前来参与对在国外投保的旅游者（团）的伤亡处理提供方便；

④对在华死亡的外国旅游者严格按照外交部《外国人在华死亡后的处理程序》进行处理。

对于外国旅游者的赔偿，按照国家有关保险规定妥善处理。

事故处理后，立即写出事故调查报告，其内容包括事故经过及处理、事故原因及责任、事故教训、今后防范措施等。

三、奖励与惩罚

1. 《暂行办法》对奖励和惩罚作出的具体规定

在旅游安全工作中作出显著成绩或有突出贡献的单位或个人，应给予表彰或奖励。对违反有关安全法规而造成旅游者伤亡事故和不履行本办法的，由旅游行政管理部门会同有关部门分别给予直接责任人和责任单位以下处罚：

（1）警告；

（2）罚款；

（3）限期整改；

（4）停业整顿；

（5）吊销营业执照。

触犯刑律者，由司法机关依法追究。

2. 《实施细则》对奖励和惩罚作出的具体规定

（1）对在旅游安全管理工作中有下列先进事迹之一的单位，由各级旅游行政管理部门进行评比考核，给予表扬和奖励。

①旅游安全管理制度健全，预防措施落实，安全教育普及，安全宣传和培训工作扎

实，在防范旅游安全事故方面成绩突出，一年内未发生一般性事故的；

②协助事故发生单位进行紧急救助，避免重大损失，成绩突出的；

③在旅游安全其他方面做出突出成绩的。

（2）对在旅游安全管理工作中有下列先进事迹之一的个人，由各级旅游行政管理部门进行评比考核，给予表扬和奖励：

①热爱旅游安全工作，在防范和杜绝本单位发生安全事故方面成绩突出的；

②见义勇为，救助旅游者，或保护旅游者财物安全不受重大损失的；

③及时发现事故隐患，避免重大事故发生的；

④在旅游安全其他方面做出突出成绩的。

（3）对在旅游安全管理工作中有下列情形之一者，由各级旅游行政管理部门检查落实，对当事人或当事单位负责人给予批评或处罚：

①严重违反旅游安全法规，发生一般、重大、特大安全事故者；

②对可能引发安全事故的隐患，长期不能发现和消除，导致重大、特大安全事故发生者；

③旅游安全设施、设备不符合标准和技术要求，长期无人负责，不予整改者；

④旅游安全管理工作混乱，造成恶劣影响者。

精讲 ⑥ 消防安全管理相关知识

一、消防安全管理的意义

消防安全管理是我国各机关、团体、企业、事业单位，根据《中华人民共和国消防法》及其他有关法律、法规、规章，贯彻预防为主、防消结合的方针，加强自身的消防安全管理，履行消防安全职责，预防火灾和减少火灾危害，保障国家和人民财产安全以及人身安全的重要安全管理制度。

二、消防安全管理主要规定

1. 消防安全责任制和责任人

法人单位的法定代表人或者非法人单位的主要负责人是单位的消防安全责任人，对本单位的消防安全工作全面负责。单位可以根据需要确定本单位的消防安全管理人，对单位的消防安全负责。单位应当落实逐级消防安全责任制，明确逐级和岗位的消防安全职责，确定各级、各岗位的消防安全责任人。在饭店中，根据职权范围的不同，消防安全责任人既包括饭店总经理，也包括每一名员工。

2. 单位消防安全职责

单位消防安全职责主要包括：

（1）贯彻执行消防安全法规，保障单位消防安全符合规定，掌握本单位、本岗位的消防安全情况；

（2）将消防工作与本单位的生产、科研、经营、管理等活动统筹安排，批准实施年度消防工作计划；

（3）为单位的消防安全提供必要的经费和组织保障；

（4）确定逐级消防安全责任，批准实施消防安全制度和保障消防安全的操作规定；

（5）组织防火检查，督促落实火灾隐患整改，及时处理涉及消防安全的重大问题；

（6）根据消防法规的规定建立专职消防队、义务消防队；

（7）组织制定符合本单位实际的灭火和应急疏散预案，并实施演练。

3. 消防安全重点单位

根据消防安全管理规定，商场（市场）、宾馆（饭店）、体育场（馆）、会堂、公共娱乐场所等公众聚集场所是消防安全重点单位，应当按照规定的要求，实行严格管理。

公众聚集场所应当在具备下列消防安全条件后，向当地公安消防机构申报进行消防安全检查，经检查合格后方可开业使用：

（1）依法办理建筑工程消防设计审核手续，并经消防验收合格；

（2）建立健全消防安全组织，消防安全责任明确；

（3）建立消防安全管理制度，保障消防安全的操作规程；

（4）员工经过消防安全培训；

（5）建筑消防设施和必要的消防器材齐全、完好、有效；

（6）制定灭火和应急疏散预案。

4. 单位消防安全制度

单位应当按照国家有关规定，结合本单位的特点，建立健全各项消防安全制度，保障消防安全的操作规程，并公布执行。

单位消防安全制度主要包括以下内容：

（1）消防安全教育、培训；

（2）防火巡查、检查；

（3）安全疏散设施管理；

（4）消防（控制室）值班；

（5）消防设施、器材维护管理；

（6）火灾隐患整改；

（7）用火、用电安全管理；

（8）易燃、易爆危险品和场所的管理以及防火、防爆措施；

（9）专职和义务消防队的组织管理；

（10）灭火和应急疏散预案演练；

（11）燃气和电气设备的检查和管理（包括防雷、防静电）；

（12）消防安全工作考评和奖惩；

（13）其他必要的消防安全内容。

5. 消防安全重点部位

单位应当将容易发生火灾、一旦发生火灾可能严重危及人身和财产安全以及对消防安全有重大影响的部位确定为消防安全重点部位，对其设置明显的防火标志，实行严格管理。

6. 动用明火管理

单位应当对动用明火实行严格的消防安全管理。禁止在具有火灾、爆炸危险的场所使用明火；因有特殊情况需要进行电焊、气焊等明火作业的，动火部门和人员应当按照单位的用火管理制度办理审批手续，落实现场监护人，在确认无火灾、无爆炸危险后方可动火施工。动火施工人员应当遵守消防安全规定，并落实相应的消防安全措施。

7. 疏散通道和安全出口的管理

单位应当保障疏散通道、安全出口畅通，并设置符合国家规定的消防安全疏散指示标志和应急照明设施，保持防火门、防火卷帘、消防安全疏散指示标志、应急照明、机械排烟送风、火灾事故广播等设施处于正常状态。

严禁下列行为：

（1）占用疏散通道；

（2）在安全出口或者疏散通道上安装栅栏等影响疏散的障碍物；

（3）在营业、生产、教学、工作等期间将安全出口上锁、遮挡或者将消防安全疏散指示标志遮挡、覆盖；

（4）其他影响安全疏散的行为。

8. 火灾扑救措施及注意事项

单位发生火灾时，应当立即实施灭火和应急疏散预案，务必做到及时报警，迅速扑救火灾，及时疏散人员。单位应当为公安消防机构抢救人员扑救火灾提供便利和条件。火灾扑灭后，起火单位应当保护现场，接受事故调查，如实提供火灾事故的情况，协助公安消防机构调查火灾原因，核定火灾损失，查明火灾事故责任。未经公安消防机构同意，不得擅自清理火灾现场。

9. 防火检查

根据《机关、团体、企业、事业单位消防安全管理规定》有关条款，消防安全重点单位的防火检查主要包括每日防火巡查、每月防火检查、消防设施检查维修保养、自动消防设施全面检查测试及灭火器维护保养和维修检查五种形式。

（1）每日防火巡查。消防安全重点单位应当进行每日防火巡查，并确定巡查的人员、内容、部位和频次。其他单位可以根据需要组织每日防火巡查。巡查的内容应当包括：

①用火、用电有无违章情况；

②安全出口、疏散通道是否畅通，安全疏散指示标志、应急照明是否完好；

③消防设施、器材和消防安全标志是否在位、完整；

④常闭式防火门是否处于关闭状态，防火卷帘下是否堆放物品，影响使用；

⑤消防安全重点部位的人员在岗情况；

⑥其他消防安全情况。

公共聚集场所在营业期间的防火巡查应当至少每两小时一次；营业结束时应当对营业现场进行检查，消除遗留火种。消防安全重点单位可以结合实际情况组织夜间巡查。

防火巡查人员应当及时纠正违章行为，妥善处置火灾危险，无法当场处置的，应当立即报告。发现初起火灾应当立即报警并及时扑救。

防火巡查应当填写巡查记录，巡查人员及其主管人员应当在巡查记录上签名。

（2）每月防火检查。除机关、团体、企业、事业单位外，其他单位应当每月至少进行一次防火检查。检查的内容应当包括：

①火灾隐患的整改情况以及防范措施的落实情况；

②安全疏散通道、疏散指示标志、应急照明和安全出口情况；

③消防车通道、消防水源情况；

④灭火器材配置及其有效情况；

⑤用火、用电有无违章情况；

⑥重点工种人员以及员工消防知识的掌握情况；

⑦消防安全重点部位的管理情况；

⑧易燃易爆危险物品和场所防火防爆措施的落实情况以及其他重要物资的防火安全情况；

⑨消防（控制室）值班情况和设施运行、记录情况；

⑩防火巡查情况；

⑪消防安全标志的设置情况和完好有效情况；

⑫其他需要检查的内容。

防火检查应当填写检查记录。检查人员和被检查部门负责人应当在检查记录上签名。

（3）消防设施检查维修保养。单位应当按照建筑消防设施检查维修保养有关规定的要求，对建筑消防设施的完好有效情况进行检查和维修保养。

（4）自动消防设施全面检查测试。设有自动消防设施的单位，应当按照有关规定定期对其自动消防设施进行全面检查测试，并出具检测报告，存档备查。

（5）灭火器维护保养和维修检查。单位应当按照有关规定定期对灭火器进行维护保养和维修检查。对灭火器应当建立档案资料，记明配置类型、数量、设置位置、检查维修单位（人员）、更换药剂的时间等有关情况。

三、消防安全培训

单位应当通过多种形式开展经常性的消防安全宣传教育。消防安全重点单位对每名员工应当每年至少进行一次消防安全培训。宣传教育和培训内容应当包括：

（1）有关消防法规、消防安全制度和保障消防安全的操作规程；

（2）本单位、本岗位的火灾危险性和防火措施；

（3）有关消防设施的性能、灭火器材的使用方式；

（4）报火警、扑救初起火灾以及自救逃生的知识和技能。

公众聚集场所对员工的消防安全培训应当每半年至少一次，培训的内容还应当包括组织、引导在场群众疏散的知识和技能。

单位应当组织新上岗和进入新岗位的员工进行上岗前的消防安全培训。

精讲 ⑦ 入境人员住宿登记规定

入境人员住宿登记是指入境人员依照入境国的法律规定，在入境国住宿时办理的登记手续。

入境人员临时住宿登记是指短期来华的外国人、港澳台同胞和华侨短时间内在华居住或持有我国公安机关出入境管理部门颁发的"外国人居留证""外国人临时居留证"或"港澳华侨暂住证"的入境人员离开自己的长住住所到其他地方临时住宿所必须进行的登记。

我国目前尚无专门的、全国性的住宿登记法规，现在执行的主要是各地政府依据《中华人民共和国外国人入境出境管理法》《中华人民共和国外国人入境出境管理法实施细则》《中华人民共和国公民出境入境管理法》《中华人民共和国公民出境入境管理法实施细则》《中华人民共和国户口登记条例》等法律、法规制定的地方管理规章。

一、住宿登记的法律依据

1. 《中华人民共和国外国人入境出境管理法》的有关规定

第五条规定：外国人在中国境内，必须遵守中国法律，不得危害中国国家安全、损害社会公共利益、破坏社会公共秩序。

第十七条规定：外国人在中国境内临时住宿，应当依照规定，办理住宿登记。

第二十九条规定：对违反本法规定，非法入境、出境的，在中国境内非法居留或者停留的，未持有效旅行证件前往不对外国人开放的地区旅行的，伪造、涂改、冒用、转让入境、出境证件的，县级以上公安机关可以处以警告、罚款或者十日以下的拘留处罚；情节严重，构成犯罪的，依法追究刑事责任。

2. 《中华人民共和国外国人入境出境管理法实施细则》的有关规定

第二十九条规定：外国人在宾馆、饭店、旅店、招待所、学校等企业、事业单位或者机关、团体及其他中国机构内住宿，应当出示有效护照或者居留证件，并填写临时住宿登记表。在非开放地区住宿还要出示旅行证。

第三十二条规定：长期在中国居留的外国人离开自己的住所临时在其他地方住宿，应当按本实施细则第二十九条、第三十条、第三十一条规定申报住宿登记。

第三十三条规定：外国人在移动性住宿工具内临时住宿，须于24小时内向当地公安机关申报。为外国人的移动性住宿工具提供场地的机构或者个人，应于 24 小时前向当地公安机关申报。

第四十五条规定：对违反本实施细则第四章规定，不办理住宿登记或者不向公安机关申报住宿登记或者留宿未持有效证件外国人的责任者，可以处警告或者 50 元以上、500 元以下的罚款。

第四十九条规定：本章规定的各项罚款、拘留处罚，也适用于协助外国人非法入境或出境、造成外国人非法居留或停留、聘雇私自谋职的外国人、为未持有效旅行证件的外国人前往不对外国人开放的地区旅行提供方便的有关责任者。

3.《中华人民共和国公民出境入境管理法》的有关规定

第十一条规定：入境定居或者工作的中国公民，入境后应当按照户口管理规定，办理常住户口登记。入境暂住的，应当按照户口管理规定办理暂住登记。

4.《中华人民共和国公民出境入境管理法实施细则》的有关规定

第十三条规定：定居国外的中国公民短期回国，要按照户口管理规定，办理暂住登记。在宾馆、饭店、旅店、招待所、学校等企业、事业单位或者机关、团体及其他机构内住宿的，应当填写临时住宿登记表；住在亲友家的，由本人或者亲友在 24 小时（农村 72 小时）内到住地公安派出所或者户籍办公室办理暂住登记。

5.《中国公民往来台湾地区管理办法》的有关规定

第十六条规定：台湾居民来大陆，应当按照户口管理规定，办理暂住登记。在宾馆、饭店、旅店、招待所、学校等企业、事业单位或者机关、团体及其他机构内住宿的应当填写临时住宿登记表；住在亲友家的，由本人或者亲友在 24 小时（农村 72 小时）内到当地公安派出所或者户籍办公室办理暂住登记手续。

6.《中国公民因私事往来香港地区或者澳门地区的暂行管理办法》的有关规定

第十七条规定：港澳同胞短期来内地，要按照户口管理规定，办理暂住登记。在宾馆、饭店、旅店、招待所、学校等企业、事业单位或者机关、团体及其他机构内住宿的应当填写临时住宿登记表；住在亲友家的，由本人或者亲友在 24 小时（农村可在 72 小时）内到住地公安派出所或者户籍办公室办理暂住登记。

7.《旅馆业治安管理办法》的有关规定

第六条规定：旅馆接待旅客住宿必须登记。登记时，应当查验旅客的身份证件，按规定的项目如实登记。接待境外旅客住宿，还应当在 24 小时内向当地公安机关报送住宿登记表。

8.《中华人民共和国户口登记条例》的有关规定

第二十条规定：有下列情形之一的，根据情节轻重，依法给予治安管理处罚或者追究刑事责任：

（1）不按照本条例的规定申报户口的；

（2）假报户口的；

（3）伪造、涂改、转让、出借、出卖户口证件的；

（4）冒名顶替他人户口的；

（5）旅店管理人不按照规定办理旅客登记的。

二、住宿登记管理

1. 住宿登记的对象

根据我国出入境管理法规的规定，临时住宿登记的对象是：

（1）临时来华旅游、探亲、访问、洽谈贸易、进行科技文化交流和从我国过境的外国人，以及进入我国的国家交通工具的乘务人员，他们一般持有临时记者（J-2）、访问（F）、旅游（L）、过境（G）、乘务（C）签证。

（2）短期来大陆探亲、观光、旅游等的港澳台同胞。

（3）定居国外短期回国，住在宾馆、饭店、招待所等留宿单位的中国公民（华侨）。

（4）已在我国长期定居或已取得居留证或临时居留证，离开自己的住所临时外出旅行或进行其他活动需要住宿的外国人。

（5）在驻华外交机构馆舍以外临时住宿的享有外交特权和豁免权的外国人。

（6）外国驻华使领馆、外交领事官员留宿的持普通护照、不享有外交特权和豁免权的外国人。

2. 住宿登记的范围

临时住宿登记范围包括在固定性留宿单位或中外居民家中住宿以及在移动性住宿工具中临时住宿。

固定性留宿单位指宾馆、饭店、旅店、招待所、学校等企业、事业单位或者机关、团体或其他中外机构。

移动性住宿工具，指外国人在临时搭设的帐篷内住宿，或有关单位在某些场地或旅游景点设置的帐篷、汽车旅馆等。

3. 住宿登记的作用

临时住宿登记是户口管理工作的一种形式，它的任务是通过临时住宿登记，掌握境外流动人员的基本情况。随着我国对外开放的不断深入发展，境外人员数量越来越多，活动区域越来越广，加强对境外人员的住宿登记管理既是公安机关的一项重要管理措施，也是对境外人员依法实施管理的一项基础工作，具有十分重要的作用。

（1）通过住宿登记管理工作，可以及时掌握境外人员的基本情况。

准确地掌握入境人数、国籍、身份、入境时间、地点以及流量等情况，为我国制定相应的政策、规定，规划发展旅游事业和各地区的经济建设提供可靠的数据，为公安机关出入境管理部门研究入境人员在我国的活动规律，加强和改善管理工作提供可靠的资料。

（2）通过住宿登记管理工作，有利于发现违法人员。

可以及时发现非法入境、非法居留、非法旅行的境外人员，还可以发现刑事犯罪可疑情况以及其他违法活动，为及时防范、打击境外人员中的违法犯罪活动提供信息，以维护国家安全和社会秩序。

（3）通过住宿登记管理工作，为查询工作提供信息。

①可以及时查控不法入境人员（包括国际恐怖分子、走私贩毒分子和已列入不准入境人员名单者），以及需要侦控的可疑人员，掌握其去向行踪，适时采取对策。

②保护境外人员的合法权益，保障其在我国境内活动顺利进行，为其亲友、单位和所属国临时查找提供确切信息。

精讲 ⑧ 饭店员工守则

一、基本要求

（1）保护国家、集体利益，积极参加饭店组织的各项活动，秉承"宾客至上，质量第一"的宗旨，做好本职工作，为饭店树立良好形象。

（2）必须无条件地服从组织调动和分配，严格遵循个人服从组织、下级服从上级的原则。

（3）依照直接领导安排的班次进行工作，按时完成任务，不得无故拖延或中止工作。

（4）按规定的时间上下班，不得迟到、早退，在尚未与下一班当面交接班之前，不得擅自离岗。

（5）严格按照员工行走路线出入，乘员工专用电梯，使用员工指定卫生间。

（6）工作要满负荷、高效率，不得消极等待、玩忽职守。

（7）上班不准串岗闲聊或进入与自己无关的区域。

（8）工作区域内不得大声喧哗，不得扎堆、交头接耳、嬉笑打闹。

（9）工作时间不准看与工作无关的书刊；班前、班中不准饮酒及食用有异味的食品；非吸烟区不准吸烟。不准做与工作无关的一切事情。

（10）上班时间不准私人会客，不准打私人电话。外来私人电话如无急事，不得处理。上班时间不得使用私用传呼机和手机。

（11）个人物品不准带入工作岗位，带出物品主动呈交门卫检查，并出示物品出门条。

（12）按规定到指定地点更衣，保持更衣柜的清洁、完好。不得擅自更换、转让衣柜或加锁、换锁。

（13）工作时间按规定着装，上班时间不准佩戴饰物。

（14）工作时间佩戴服务牌，实习生佩戴实习牌。

（15）自觉维护环境卫生，拾到宾客遗失物品要及时上交，严禁私自留用。

二、劳动条例

凡具有初中以上文化程度，身体健康、政治历史清楚，通过考核符合录用条件者，均有可能被招聘录用。

（1）凡被招录的员工，一律经过业务考核、政治历史审查和体格检查。

（2）饭店全体员工每年进行一次体格检查，对患有传染病者，在试用期内的，可随时解除劳动合同。

（3）接受岗前培训，考核合格者方可上岗。

（4）新招录的员工在试用期内发现不符合饭店要求的，饭店可以随时解除劳动合同。

（5）每周工作5天，根据工作情况适当编排班次。如果遇到特殊情况需加班，发给加班费。法定节假日按国家有关规定办理。

（6）员工工资每月发放一次。

（7）饭店根据工作需要，可调动员工的工作部门或工作岗位。

（8）根据饭店需要和个人业绩，所有员工均有被提职的可能，任职期间因工作不胜任或出现较大过失，饭店可视情况作出免职或降职的决定。

（9）饭店因业务变更或其他原因而产生冗员的，按国家政策和饭店有关规定处理。

三、饭店员工福利

饭店员工福利有以下内容：

（1）福利费。

（2）假日，包括：

①休息日；

②法定假日；

③带薪年休假；

④探亲假；

⑤病假；

⑥事假；

⑦婚假；

⑧孕期假；

⑨产假；

⑩计划生育假；

⑪丧葬假。

（3）医疗福利。

（4）工伤或死亡待遇。

（5）退休、离休待遇。

（6）其他有关劳保福利，均按国家和饭店规定执行。

四、奖惩办法

1. 奖励

饭店员工具备下列条件者，予以奖励：

（1）完成工作任务，作出显著成绩者；

（2）改善经营管理，经济效益突出者；

（3）在劳动竞赛活动中成绩优异者；

（4）在国际、国内技术比赛中获奖者；

（5）保护公共财产，保卫宾客安全，排除重大隐患，防止和避免重大事故者；

（6）努力作好服务工作，待客热情周到，屡受宾客书面表扬者；

（7）捡拾贵重物品及时上交者；

（8）增收节支、增产节约，作出显著成绩者；

（9）为饭店提供合理化建议并被采纳者；

（10）其他方面做出显著成绩者。

2. 违纪处罚

饭店员工必须遵守店规、店纪。对违纪者，视其情节轻重分别给予书面警告、严重警告、解除劳动合同、开除的处理。

（1）有下列情形之一者，给予书面警告处理：

①上下班不走员工行走路线者；

②上班时间制服不整洁，不修边幅，不佩戴服务牌者；

③1个月内迟到或早退2次者；

④在禁烟区吸烟者；

⑤上班时串岗、扎堆聊天者；

⑥当班时在店内接待亲友或处理私事，未经领导同意打私人电话者；

⑦穿着工作服上街或回家者；

⑧工作散漫、粗心大意，不与同事合作共事者；

⑨擅自相互调换更衣柜者；

⑩搭乘客梯、使用客用卫生间者；

⑪擅自动用饭店用品、设备、仪器者；

⑫不按规定时间用餐者；

⑬不遵守员工宿舍住宿规定者；

⑭在岗工作时吃零食、嚼口香糖或在非指定地方吃食物者。

（2）有下列情形之一的，给予严重警告处理：

①两次受到书面警告者；

②当班睡觉、搞娱乐活动、看杂志、干私活，不服从上级命令、拒绝工作或遇到紧急情况不服从指派者；

③当班时喝酒者；

④对宾客不礼貌、与客人争辩者；

⑤未履行请假手续，擅离工作岗位者；

⑥损坏、浪费饭店财物者；

⑦未经许可擅自进入客房者；

⑧未经管理部门允许，擅自为客人提供额外服务并收取费用者；

⑨向客人索取小费者；

⑩1个月迟到或早退3次者；

⑪旷工1次者；

⑫违反饭店安全条例者；

⑬因病、因事缺勤而未事先请假者；

⑭谎报消息或编造、传播有损于饭店及员工利益的谣言者。

（3）有下列情形之一者，给予解除劳动合同处理：

①在1年内，给予2次书面警告者；

②在履行合同期限内，给予2次严重警告者；

③偷窃、涂改账单凭证，中饱私囊者；

④连续旷工3天（含3天）或1年内累计旷工5天者；

⑤1个月内迟到或早退4次者；

⑥知情不报，隐瞒他人犯罪行为者；

⑦参与赌博活动者；

⑧参与非法交易活动者；

⑨有意向外单位泄露店内机密文件、数字、资料，使饭店利益受到损害者；

⑩从事第二职业（包括临时性工作）影响本职工作者；

⑪因病缺勤且不符合要求的病假证明，全年累计7天者。

（4）有下列情形之一者，给予开除处理：

①工作态度恶劣，侮辱、殴打宾客、同事者；

②触犯法律法规，被拘留、劳教、判刑者；

③偷窃、骗取宾客、同事或饭店钱财者；

④管理不善，工作失职，玩忽职守，违反操作规程，造成饭店和宾客财产受损或人员伤亡者；

⑤违反国家财经纪律，给国家和饭店造成损失者；

⑥主管级以上管理人员，领导不力、管理不严、下属涣散，给饭店造成严重经济损失和恶劣影响者。

此外，犯有上述条例以外过失的，将酌情处理。

（5）处理程序。

对违纪者，部门经理下达书面警告、严重警告通知单，并报人事劳资部门（人力资源部）备案。人事劳资部门提出解除劳动合同或开除处理意见，报饭店领导班子审批。

训练习题

一、选择题

1. 国家实行劳动者每日工作时间不超过 8 小时、（   ）的工作制度。

    A. 每周工作时间不超过 48 小时

    B. 平均每周工作时间不超过 48 小时

    C. 平均每周工作时间不超过 44 小时

    D. 每周工作时间不超过 40 小时

2. 饭店禁止客人私自（   ）或转让、转租房间、床位。不经饭店工作人员同意，不准（   ）。

    A. 外宿不归；自行退房　　　　　B. 留客住宿；占用空床

    C. 留客住宿；自行倒换房间、床位　D. 与人同宿；自行倒换床位

3. 旅馆及其工作人员应当认真执行《旅馆业治安管理办法》和有关细则，向公安人员（   ）。

    A. 听取指导，查找坏人　　　　　B. 了解治安形式，加强保卫

    C. 如实反映情况，协助工作　　　D. 学习侦破技术，开展工作

4. 订立和变更劳动合同，应当遵循（   ）的原则，不得违反法律、行政法规的有关规定。

    A. 依法办事、求真务实　　　　　B. 实事求是、顾全大局

    C. 真诚友好、互谅互让　　　　　D. 平等自愿、协商一致

5. 单位发生火灾时，应当立即实施灭火和应急疏散预案，务必做到（   ），迅速扑救火灾，（   ）。

    A. 及时报告领导；尽可能抢救物资　B. 及时报警；及时疏散人员

    C. 及时报告保卫部；迅速切断电源　D. 及时报警；及时关闭火门

二、判断题

1. （   ）劳动者在同一用人单位连续工作二十年以上、当事人双方同意续延劳动合同的，如果劳动者提出订立无固定期限劳动合同，应当订立无固定期限劳动合同。

2. （　　　）用人单位解除劳动合同，工会认为不适当的，有权提出意见；如果用人单位违反法律、法规或者劳动合同，工会有权要求重新处理；劳动者申请仲裁或者提起诉讼的，工会应当协助企业行政做工作。

3. （　　　）根据我国出入境管理法规的规定，临时住宿登记的对象不包括临时来华洽谈贸易、进行科技文化交流和从我国过境的外国人。

4. （　　　）旅游安全事故分为轻微、一般、重大和特大事故四个等级。

5. （　　　）轻微事故是指一次事故造成旅游者重伤，或经济损失在 1 万至 10 万（含 1 万）元者。

客房服务英语

精讲 1 客房服务常用英语词汇

一、客房种类

single room	单床间	double room	大床间
triple room	三床间	suite	套间
deluxe suite	豪华套间	duplex suite	立体套房
twin room	普通两人间	standard room	标准间
junior suite	普通套间	business room	商务间
presidential suite	总统套间	executive suite	行政套间
deluxe room	豪华间	inside room	内景房
corner room	角房	outside room	外景房
connecting room	连通房	adjacent room	邻近房

二、客房状态

vacant clean (VC)	清洁房	occupied (OCC)	住客房
stay (S)	续住房	expected departure (E/D)	预期离店房
vacant dirty (VD)	脏房	sleep out (S/O)	住客外宿房
long stay in guest (LS)	长住房	out of order (OOO)	维修房
no baggage (N/B)	无行李房	light baggage (L/B)	少量行李房
please make up room (MUR)	请即打扫房	do not disturb (DND)	请勿打扰房

三、客房家具和设备

bed	床	toilet	马桶
single bed	单人床	bath tub	浴缸
double bed	双人床	shower head	淋浴喷头
queen-size bed	大号双人床	towel rack	毛巾架
king-size bed	特大双人床	television	电视机
foldaway bed	折叠床	computer	电脑
baby cot	婴儿床	telephone	电话
water bed	水床	refrigerator	电冰箱
sofa bed	沙发床	safe	保险箱
mattress	床垫	air conditioner	空调
bedside table	床头柜	electric kettle	电水壶
desk	台子	carpet	地毯
table	桌子	lamp	灯
tea table	茶几	desk lamp	台灯
sofa	沙发	wall lamp	壁灯
chair	椅子	floor lamp	落地灯
cabinet	橱	bedside lamp	床头灯
drawer	抽屉	mini bar	小酒吧
washbasin	洗脸盆	mirror	镜子
switch	开关	hair dryer	电吹风

四、客房用品

wall painting	壁画	pillow	枕头
pillow case	枕套	sheet	床单
blanket	毛毯	quilt	被子
bedspread	床罩	bed pad	褥垫
window screening	窗纱	window curtain	窗帘
towel	毛巾	bath towel	浴巾
hand towel	手巾	bath mat	浴室防滑垫
bath robe	浴袍	shower curtain	浴帘
lamp shade	灯罩	bulb	灯泡

clothes rack	衣架	rubbish bin	垃圾桶
remote control	遥控器	battery	电池
slippers	拖鞋	shoe shine paper	擦鞋纸
clothe brush	衣刷	shoe basket	鞋篮
thermos bottle	热水瓶	cold water bottle	冷水瓶
cup	茶杯	tea tray	茶盘
glass	玻璃杯	match	火柴
wine glass	酒杯	ice bucket	冰桶
ashtray	烟灰缸	green tea	绿茶
black tea	红茶	magazine	杂志
jasmine tea	茉莉花茶	stationery folder	服务夹
coffee	咖啡	facial tissue	面巾纸
laundry bag	洗衣袋	toilet paper	手纸
laundry list/form	洗衣单	nail clipper	指甲钳
shopping list	购物单	bath soap	浴皂
pen	钢笔	facial soap	洗面皂
writing paper	信纸	shampoo	洗发液
envelope	信封	bath foam	沐浴液
note pad	便笺纸	comb	梳子
post card	明信片	toothbrush	牙刷
sewing kit	针线包	toothpaste	牙膏
service directory	服务指南	razor	剃刀
room service menu	房内用餐指南	bed board	床板
iron	电熨斗	ironing board	电熨板
electric shaver	电动剃须刀	alarm clock	闹钟
ice pack	冰袋	transformer	变压器
plug	插头	wheel chair	轮椅

精讲 ② 客房服务常用英语句子

一、介绍房间服务英语

This room is spacious and cosy, I'm sure you'll like it.

这个房间既宽敞又舒适，我敢肯定您会喜欢。

Here is tea and some fresh towels for you.

这是为您准备的茶叶和新毛巾。

Here is the light switch, the temperature adjuster, the wardrobe and the mini-bar.

这是灯的开关、温度调节器、衣柜和室内小酒吧。

Here is the socket for electric shaver.

这是供电动剃须刀用的电源插座。

The safe is in the wardrobe.

保险箱在衣柜里。

Here is our hotel's service directory. It gives you an idea about our service and facilities.

这是我们饭店的服务指南，它可以使您了解饭店的服务及设施。

That door leads to the bathroom and there is a laundry bag behind the door.

那是浴室的门，门后有一个洗衣袋。

If you don't want to be disturbed, just place this "please do not disturb" sign outside the door.

如果您不想被打扰，就将这块"请勿打扰"标牌挂在门外。

The slippers are in the bedside table. The bath robe is in the bathroom together with the shower caps. You could find some cakes of soap, towels, shampoo and toilet articles in their proper places.

拖鞋在床头柜中。浴衣在浴室内，和浴帽放在一起。肥皂、毛巾、洗发液和化妆用品放在卫生间的适当位置。

Just leave the laundry in the laundry bag behind the bathroom door.

将待洗的衣服放在浴室门背后的洗衣袋里。

If you need to have your meals in your room, you can contact with the Room Service. The extension number is ×××.

如果您需要在房间里用餐，您可以与送餐部联系，电话分机号码是×××。

There is a refrigerator under the table. Cold drinks placed in it will be checked and refilled daily. Please refer to the price list. Consumption will be charged to your room account.

桌子下面有一个冰箱。冰箱里的饮料每天都会进行检查补充，请参看价目表。您的消费将计入您的总账单上一并结算。

There is a switch board on the bedside table. You can lie on the bed and control all the lamps, music, TV and air conditioner.

床头柜上有一个开关控制台，您可以躺在床上控制所有的灯、音乐、电视和空调。

The telephone directory is on the table. You may make DDD call and IDD call from your room. If you do not wish to be disturbed by incoming calls in your room, please inform the operator by dialing "9" .

电话簿在桌子上，您可以在房间拨打国内电话和国际电话。如果您不希望有电话打进房间，请按“9”告知接线生。

The door locks by itself. Please remember to take out your key when you go out and leave it at the front desk.

房门会自动锁上。您外出时请将钥匙交到服务台。

I hope you'll soon get used to the time difference.

希望您能很快适应时差。

The time here is 16 hours ahead of west coast time in the United States.

这里的时间要比美国西海岸的时间早 16 小时。

二、进房清扫服务英语

Housekeeping, may I come in?

客房清扫，我可以进来吗？

May I clean your room now?

我现在可以打扫您的房间吗？

I'll clean the bathroom and replace some fresh towels.

我打扫一下浴室，再换上几条新毛巾。

What time would you like me to do your room, sir?

您需要我什么时间来给您清扫房间？

Would you like me to clean up your room right now?

您是否需要我现在为您清扫房间？

What time will be convenient for you?

什么时候您比较方便 ？

We usually make up the check-out room first, but we can do your room earlier on your request.

我们通常先打扫走客房间，但我们先可以按您的要求先整理您的房间。

The hotel provides free shoe shining.

饭店提供免费擦鞋服务。

三、做夜床服务英语

May I do the turn-down service for you now?

我现在可以给您做夜床吗?

It's getting dark. Shall I draw the curtains for you, sir? /It's growing dark. Would you like me to draw the curtains for you, sir?

天渐渐黑了，我为您拉上窗帘好吗?

Your room will be ready before you come back from the restaurant.

在您从餐厅回来之前您的房间就可以整理好。

Shall I turn on the lights for you?

我为您打开灯好吗?

四、客衣清洗服务英语

Excuse me. Do you have any laundry, sir?

请问，您有需要洗的衣服吗?

Would you please fill in the laundry list?

请您填写一下洗衣单好啊?

We have express service.

我们有快洗服务。

There is 50% additional cost, but it only takes 4 hours.

要加收 50% 额外费用，但只需要 4 小时。

Your laundry will be returned tomorrow afternoon.

您需要洗的衣服明天下午即可送回来。

Please notify in the laundry list whether you will like your clothes ironed, washed, dry-cleaned or mended.

请在洗衣单上注明是熨、洗涤、干洗还是修补。

What time do you want to get them back?

您想什么时间取回您的衣服?

Usually it takes about two days to have laundry done.

洗衣通常需要 2 天时间。

The laundry will be done in two days' time. So will tomorrow afternoon be all right?

衣服 2 天内清洗完成，所以明天下午送来行吗?

We'll do our best to remove the stain.

我们将尽最大努力去掉衣服上的污渍。

Don't worry. We'll stitch it before washing.

别担心，我们会缝好后再洗涤。

五、房间用餐服务英语

Do you want to have your breakfast in the room?

您要在房间用早餐吗？

If you want to have your meals in the room, just dial the Room Service.

如果您需要在房间用餐，只要拨打送餐部（电话）就可以了。

You may dial "6" to call the Room Service to order your breakfast, lunch or dinner.

您可以拨打"6"到送餐部预定早餐、午餐或晚餐。

If you want to have meals in your room, you can use the door knob menu or phone the Room Service.

如果您需要在房间用餐，您可以使用挂在门把上的菜单，也可以打电话到送餐部。

This is the door knob menu.

这是挂在门把上的菜单。

Your order will be ready soon.

您订的餐马上就好。

Your breakfast will be sent to your room in ten minutes.

您的早餐 10 分钟后就会送到您的房间。

There will be a wait of 15 minutes, madam.

夫人，您需要等 15 分钟。

Here is the breakfast you ordered.

这是您订的早餐。

Just leave the plates on the table, sir. We'll come and collect them later.

先生，将盘子放在桌子上，过一会儿我们会来收的。

练习题

一、选择题

1. 客房的种类里普通套间应译为（　　　）。

　A. standard room　　B. junior suite　　　C. single room　　　D. two beds room

2. presidential suite 应译为（　　　）。

　A. 豪华套间　　　B. 商务套间　　　C. 总统套间　　　D. 双套套间

3. "祝您在这儿玩得高兴。"的英文译法是"（　　　）"

A. I hope you playing pleasant here.

B. I hope you'll have a good time here.

C. I hope you'll enjoy here.

D. I hope you'll spend a happy time here.

4. "Here is the light switch. " 的中文译法是 " （　　　）"。

    A. 这是灯   B. 这是灯罩   C. 这是电源   D. 这是电灯开关

5. "Excuse me，could you post these letters for me?" 的中文译法是 " （　　　）"

    A. 劳驾，帮我邮寄这些信件好吗?   B. 劳驾，帮我买一些东西好吗?

    C. 劳驾，帮我把这些信件扔掉好吗?D. 劳驾，帮我把这些东西扔掉好吗?

二、判断题

1.（　　　）"Fancy seeing you here. " 的中文译法是 "真想不到在这儿见到您"。

2.（　　　）客房用品包括 "sheet，pillow case，blanket"。

3.（　　　）"Don't worry，madam，We'll see to it. " 的中文译法是 "别着急，夫人，我们查看一下"。

4.（　　　）"Could you add an extra bed in my room?" 的中文译法是 "在我的房间加一张床行吗?"

5.（　　　）"Thank you for being so understanding. " 的意思是 "感谢您的理解"。

中级客房服务员理论知识考核模拟试卷一

一、选择题（第1题—第80题。选择一个正确的答案，将相应的字母填入题内的括号中。每题1分，满分80分。）

1. 尊重客人，客人是上帝，是国际饭店业（   ）普遍遵守的原则。
   A. 服务人员　　　B. 管理人员　　　C. 销售人员　　　D. 从业人员

2. 会谈室摆设物品的种类有鲜花或绿色植物、文件夹、（   ）、矿泉水、杯子、杯垫。
   A. 咖啡杯、勺　B. 水果　　　　C. 点心　　　　D. 干果

3. 使用中的布草应能够满足客房出租率达（   ）时的使用和周转需要。
   A. 100%　　　　B. 95%　　　　C. 90%　　　　D. 80%

4. 在一段时间内包租车辆的租费一般以（   ）作为计价单位。
   A. 台/公里　　B. 台/次　　　C. 台/天（日）　D. 台/小时

5. （   ）不属于饭店重要部分配置的安全报警装置内容。
   A. 微波报警器　　　　　　　B. 被动红外线报警器
   C. 主动红外线报警器　　　　D. 手动报警器

6. 服务台应（   ）。客房区不设服务台的楼层，应（   ）。
   A. 白天有人值班；有报警装置　　B. 昼夜有人值班；昼夜有人值班巡查
   C. 昼夜有人值班；昼夜有人值班　D. 昼夜有人值班；白天有人值班

7. VIP接待A等的迎送内容是（   ）。
   A. 视情况去机场、火车站迎送客人
   B. 销售部经理、大堂副总经理在大厅门口列队迎送客人
   C. 总经理率饭店管理人员及部门员工在大厅门口列队迎送客人
   D. 视情况总经理或副总经理在大厅门口迎送客人

8. 客房软床摆放的位置应是（   ）。
   A. 窗前摆放　　B. 迎门摆放　　C. 房间较暗处　　D. 房间光线最暗处

9. 国家实行劳动者每日工作时间不超过8小时、（   ）的工作制度。
   A. 每周工作时间不超过48小时
   B. 平均每周工作时间不超过48小时
   C. 平均每周工作时间不超过44小时
   D. 每周工作时间不超过40小时

10. 会议物品摆放标准为（　　　）、文件夹、咖啡、矿泉水、茶包，柠檬片等。

    A. 烟灰缸　　　　B. 小香巾　　　　C. 文具一套　　　D. 鲜花

11. 采取欺诈、威胁等手段订立的劳动合同属于（　　　）。

    A. 侵权合同　　　B. 违法合同　　　C. 单边劳动合同　D. 无效劳动合同

12. 签字仪式为国家（团体、各级组织）之间的谈判，在政治、（　　　）、经济、技术、文化等各领域达成协议。

    A. 市场开发　　　B. 环境治理　　　C. 军事　　　　D. 教育

13. 为了把好质量关，要做到（　　　）、经得起上级检查、让宾客满意。

    A. 领班检查　　　　　　　　　B. 经理检查

    C. 同行业人员检查　　　　　　D. 认真自查

14. 生产国家明令淘汰的商品或者销售失效、变质的商品的，应当依照《中国人民共和国产品质量法》和其他有关法律、法规的规定，承担（　　　）。

    A. 刑事责任　　　B. 法律责任　　　C. 赔偿责任　　　D. 民事责任

15. 客房种类里 junior suite 应是（　　　）。

    A. 标准间　　　　B. 单人间　　　　C. 双床间　　　　D. 普通套间

16. 客房部领班每日例行查房，保证所有客房都查到，保证所有员工都查到，（　　　），以便发现问题及时纠正。

    A. 保证对全过程的检查　　　　　B. 保证质量过关

    C. 保证不留死角　　　　　　　　D. 保证 100% 的查房率

17. presidential suite 应译为（　　　）。

    A. 豪华套间　　　B. 商务套间　　　C. 总统套间　　　D. 双套套间

18. 正确的布草库房温度和湿度应分别为（　　　）和（　　　）。

    A. 22℃；50%　　B. 25℃；50%　　C. 24℃；45%　　D. 20℃；50%

19. VIP 客人接待规格是（　　　）。

    A. 政府代表团的规格

    B. 特殊团队和散客的规格

    C. 等级、迎送、房内用品配备、餐饮和安全保卫规格

    D. 豪华旅游团的规格

20. 饭店禁止客人私自（　　　）或转让、转租房间、床位。不经饭店工作人员同意，不准（　　　）。

    A. 外宿不归；自行退房　　　　　B. 留客住宿；占用空床

    C. 留客住宿；自行倒换房间、床位　D. 与人同宿；自行倒换床位

21. （　　　）不是盥洗空间功能主要设备。

    A. 浴缸　　　　　B. 洗脸盆　　　　C. 吹风机　　　　D. 坐便器

22. 签字厅的布置要求为（　　　），长条桌并排摆放，桌面铺深绿色台呢，摆放扶手椅或座椅、照相梯或脚架、文本和绿色植物。

A．屏风或挂画　　B．茶杯、烟灰缸　C．鲜花、水果　　D．音响设备

23．订立和变更劳动合同，应当遵循（　　）的原则，不得违反法律、行政法规的有关规定。

A．依法办事、求真务实　　　　B．实事求是、顾全大局

C．真诚友好、互谅互让　　　　D．平等自愿、协商一致

24．客房床的种类很多，一般普通双人床的规格为（　　）。

A．200 厘米×130 厘米　　　　B．200 厘米×150 厘米

C．200 厘米×180 厘米　　　　D．200 厘米×200 厘米

25．擦鞋服务时，要注意防止混淆客人的鞋，应（　　）。

A．在纸条上写好房间号放入鞋内　B．按房号顺序依次进行

C．擦一双送一双　　　　　　　　D．用心记下每双鞋的号码

26．会谈桌呈一字形摆放，主谈人的席位居中，而我国的习惯是会谈的译员安排在（　　）。

A．主谈人的右侧　　　　B．主谈人的左侧

C．主谈人的左身后　　　D．主谈人的右身后

27．"大清洁"计划的组织实施应有加强计划性、（　　）、狠抓落实和检查验收。

A．统筹安排　　　　　　B．认真动员布置

C．制定标准　　　　　　D．巡视指导

28．一般饭店常见的害虫是苍蝇、蚊子、蟑螂、（　　）。

A．跳蚤　　　B．白蚁　　　C．蜘蛛　　　D．臭虫

29．认真登记客衣准确内容是指（　　）准确。

A．地址　　　B．姓名　　　C．接待单位　　　D．房号、件数、要求

30．韩国人崇拜太阳神，自称为太阳神的子孙，故他们的民族服装也喜欢用（　　）。

A．白色　　　B．金黄色　　　C．蓝色　　　D．红色

31．小型宴会厅（雅间）的功能特点是（　　）。

A．独立的房间，完全与外界隔绝的环境

B．面积一般不应小于 20 平方米

C．用餐、交谈、办事不受任何干扰

D．便于身份较高、保密性强的宴请

32．"顾客是上帝"，新世纪的服务是（　　）的服务。

A．高星级　　　B．讲求享乐　　　C．规范化　　　D．以客人需求为中心

33．单位发生火灾时，应当立即实施灭火和应急疏散预案，务必做到（　　），迅速扑救火灾，（　　）。

A．及时报告领导；尽可能抢救物资

B．及时报警；及时疏散人员

C．及时报告保卫部；迅速切断电源

D. 及时报警；迅速关闭火门

34. 认真做好客衣送交的内容包括：看清、认准房号并进行核对，及时送交客人，（　　）。

    A. 注意存放　　　　B. 作好记录　　　　C. 作好交接　　　　D. 讲明件数、金额

35. 客房摆件的布置特点是（　　）。

    A. 有规律，不呆板

    B. 有呼有应，有虚有实

    C. 大兼小，高兼低，明暗互衬托，相映成趣，轻重均匀

    D. 灵活不零乱，不能相互干扰或者重叠而破坏整体感

36. 下列不属于会议物品摆设要求的是（　　）。

    A. 矿泉水放在左上方　　　　　　B. 文件夹放于座位的正前方

    C. 杯把与桌面成45度角　　　　　D. 咖啡碟边与文件夹底部成一直线

37. 饭店要创造（　　）、人尽其才的价值观和良好的文化氛围。

    A. 塑造人、任用人、尊重人　　　B. 理解人、尊重人、培育人

    C. 提拔人、激励人、督导人　　　D. 培育人、管理人、使用人

38. 下列不属于吸尘器应用范围的是（　　）

    A. 地板　　　　B. 地毯　　　　C. 纸篓　　　　D. 垫套

39. 应该由（　　）来完成清洁贵宾房（包括为贵宾服务）的工作。

    A. 自身业务能力强的客房服务员　　B. 个人修养好的客房服务员

    C. 中级客房服务员　　　　　　　　D. 知识面广的客房服务员

40. 国家星级饭店标准规定四至五星级饭店客房使用的方巾的规格是（　　），重量是（　　）。

    A.35厘米×35厘米；60克　　　　B.38厘米×38厘米；65克

    C.25厘米×25厘米；45克　　　　D.32厘米×32厘米；55克

41. （　　）共同构筑了两道职业秩序保护线。

    A. 岗位责任制和工作纪律　　　　B. 操作规程和操作标准

    C. 法律和职业道德　　　　　　　D. 员工守则和劳动合同

42. 认真作好收取洗衣费工作的内容包括（　　），现金当面点清，自费客人要签字，账单要当日结算、转交。

    A. 账单应在单位签字后转账　　　B. 作好底单处理

    C. 作好交接　　　　　　　　　　D. 记录存档

43. 当事人一方（　　）劳动争议仲裁委员会申请仲裁。对仲裁裁决不服的，可以向（　　）提出诉讼。

    A. 可以直接向；人民法院　　　　B. 也可以向；人民法院

    C. 可以直接向；人民检察院　　　D. 也可以向；人民检察院

44. 下列关于商务饭店特点的说法正确的是（　　）。

    A. 应有豪华总统套间

    B. 应有各类餐厅

    C. 应是五星级饭店

    D. 应是装潢豪华，商务设施、设备齐全并配有现代化通信系统

45. 长条桌呈横一字或竖一字形摆放，在布置会谈厅时是以（   ）为参照。

    A. 装饰风格   B. 朝向   C. 门的位置   D. 方位

46. 控制蠹虫的方法是保持衣物、布料、床上用品、皮革制品及软木制品等干净、无异味，储存物品时，将其密封在聚乙烯口袋中，（   ），经常清洗地毯并定期在地毯边缘和家具底下喷洒灭虫药剂。

    A. 室内通风   B. 喷洒空气清新剂

    C. 储存物中放樟脑丸、防蛀药物   D. 烟熏

47. 客房双人床使用的特大床单规格一般选择（   ）为宜。

    A. 240 厘米 ×260 厘米   B. 230 厘米 ×270 厘米

    C. 230 厘米 ×290 厘米   D. 270 厘米 ×290 厘米

48. 俄罗斯人对衍射颇为研究，他们认为红色是（   ）。

    A. 危险和警告的提示   B. 庄严和热烈的象征

    C. 吉祥和美丽的象征   D. 富裕和欢乐的象征

49. 收取客衣的内容包括（   ），客人将要洗的衣服连同洗衣单装入洗衣袋内，将洗衣袋放在房间的床上，或放在卫生间门后。

    A. 客人告知服务员有需要洗的衣服   B. 客人通知服务中心

    C. 放在沙发上   D. 放在行李架上

50. 饭店房间状态：干净/空房，用英文缩写表示为（   ）。

    A. CL/VA   B. DI/AE   C. OO/OS   D. CL/DN

51. 进口的计量器具必须经（   ）以上人民政府计量行政部门检定合格后，方可销售。

    A. 县级   B. 省级   C. 地级   D. 区级

52. 套间的书房布置，除应配备（   ）外，还应适当增加一些供工作、学习后小憩的家具。

    A. 沙发、茶几、电视   B. 写字台、椅子

    C. 书写和阅读家具   D. 会客家具

53. 控制蚊子的方法是保持室内外环境清洁，消灭蚊子滋生的死角，诱杀成蚊的方法有安装纱窗、（   ）、在室内外合适地点安置灭蚊灯等。

    A. 纱窗纱门刷药   B. 喷洒空气清新剂

    C. 定期喷洒杀虫剂   D. 随见随灭

54. 参加会见的主人一般在会见正式开始前（   ）左右到达现场。

    A. 10 分钟   B. 20 分钟   C. 30 分钟   D. 5 分钟

55. "祝您在这儿玩得高兴。"的英文译法是"（　　　）"

    A. I hope you playing pleasant here.

    B. I hope you'll have a good time here.

    C. I hope you'll enjoy here.

    D. I hope you'll spend a happy time here.

56. 一般事故是指一次事故造成旅游者（　　），或经济损失在（　　）者。

    A. 重伤；1 万元至 10 万元（含 1 万元）

    B. 轻伤；1 万元以下

    C. 轻伤；1 万元至 10 万元（含 1 万元）

    D. 重伤；1 万元至 5 万元（含 1 万元）

57. 饭店根据工作需要，可调动员工的（　　）。任职期间因工作不胜任或出现较大过失的，饭店可视情况作出（　　）的决定。

    A. 工作关系；调出饭店　　　　　　B. 积极性；脱产培训

    C. 工资关系；停薪留用　　　　　　D. 工作部门或工作岗位；免职或降职

58. 客房使用的大号枕套规格一般选择（　　）为宜。

    A. 55 厘米 ×95 厘米　　　　　　　B. 50 厘米 ×80 厘米

    C. 45 厘米 ×75 厘米　　　　　　　D. 50 厘米 ×90 厘米

59. 特殊团队、散客的特点是（　　）。

    A. 个性差异大与饭店逗留时间较短

    B. 消费水平相对较高、行李相对较少

    C. 动作迟缓与行动不便，经济富裕，要求舒适、服务周到和环境安静

    D. 爱买纪念品、日程安排紧、集中进行店外活动

60. 送洗客衣应认真核对的内容是（　　）。

    A. 件数准确　　B. 价值　　　　C. 物　　　　　　D. 尺寸

61. 有关布置客房家具的原则，说法正确的是（　　）。

    A. 舒适感与均衡感　　　　　　　　B. 美观实用与搭配合理

    C. 整体感与豪华感　　　　　　　　D. 家具与客房的协调性

62. 消费者享有对商品和服务以及保护消费者权益工作进行（　　）的权利。

    A. 评价　　　　　B. 评估　　　　C. 监督　　　　　D. 指导

63. 楼层服务员要求会使用传真机是因为（　　）。

    A. 工程部经理不会使用　　　　　　B. 质量检查部经理不会使用

    C. 客房部经理不会使用　　　　　　D. 客人可能不会使用

64. "How are you today, sir?"的中文译法是"（　　　）"

    A. 先生，您今天感觉怎么样？　　　B. 先生，您吃了吗？

    C. 先生，您多大了？　　　　　　　D. 先生，您有什么事？

65. 控制甲虫的方法是（　　）；用专门杀虫剂喷涂所有可能发生虫害的地方，定期

使用有杀虫、防虫作用的抛光蜡剂。

    A. 保持木制品表面清洁，对其进行油漆、打蜡或上塑

    B. 保证室内通风、干燥

    C. 喷洒空气清新剂

    D. 经常用紫外线消毒

66. 客房内所配备的客房用品，是以客房的类别和档次为依据，在品种，数量、（　　　）、质量及摆放要求等方面应有统一标准。

    A. 星级　　　　B. 大小　　　　C. 规格　　　　D. 样式

67. 做好病虫害预防工作的内容有外来货物必须经过检查，（　　　），垃圾房严格管理，定期消毒，地下室、库房、阳台等角落必须保持通风，保持前台、后台区域和室内环境卫生以及员工个人卫生。

    A. 吃剩食物不许乱丢，必须放进垃圾袋存放

    B. 教育员工

    C. 加强巡视

    D. 控制人员流动

68. 制定《旅馆业治安管理办法》的目的是（　　　），维护社会治安。

    A. 保障旅馆业的正常经营和旅客的生命财产安全

    B. 保障旅馆业的经济效益和旅客的生命财产安全

    C. 保障旅馆业的正常经营和旅客的起居出入方便

    D. 保障旅馆业的繁荣发展和旅客的行动自由

69. 病虫害的诱因，有些是外界因素给饭店造成的，比如附近有建筑物拆迁和公共设施整修，（　　　），装修房间，人员流动，野猫野狗的流窜等。

    A. 每天进出各种车辆和物资　　　　B. 外国客人携带的物品

    C. 长期不消毒、打药　　　　D. 室内通风、光照差

70. 单位应当对动用明火实行严格的消防安全管理，禁止在（　　　）的场所使用明火。

    A. 没有消防器材　B. 有客人活动　C. 未设安全标志　D. 具有火灾、爆炸危险

71. 根据实际情况，有时宾主各坐一边，有时也可（　　　），译员和记录员安排在主人、主宾后面就座。

    A. 穿插而坐　　　B. 主人一侧　　　C. 随意而坐　　　D. 主人左侧

72. 经营、服务者不得以各式合同、通知、声明、店堂告示等方式作出对消费者（　　　）规定，或者（　　　）其损害消费者合法权益应当承担的民事责任。

    A. 不利、不公的；减轻、免除　　B. 不公平、不合理的；减轻、免除

    C. 不真实、不及时的；推脱　　D. 不公正、不公开的；加重

73. 打蜡时，落蜡要均匀，上下互叠（　　　）厘米。

    A. 3—5　　　　B. 5—10　　　　C. 10　　　　D. 10—15

74. 抛光时，抛光推进速度以保持在（　　）为宜，来回抛光（　　）次，直至光亮为止。

    A. 10 米/分；3—5　　　　　　　　　B. 15 米/分；7—10

    C. 50 米/分；3—5　　　　　　　　　D. 25 米/分；10—15

75. 下面不属于消毒剂功效内容的是（　　）。

    A. pH 值大于 5 小于 9　　　　　　　B. 用于卫生间的消毒

    C. 消毒杯具　　　　　　　　　　　D. pH 值大于 1 小于 5

76. 白蚁喜欢在阴暗潮湿和不通风的地方生活，对竹木制品、（　　）、皮革制品、纸制品、化纤塑料制品都有严重的危害。

    A. 食品　　　　　B. 库房　　　　　C. 动植物制品　　　D. 厨房

77. 作为墙饰的要求，墙饰的风格特点要与（　　）相一致。

    A. 本地区风俗习惯及宗教信仰　　　B. 客房的家具布置风格

    C. 客房的等级和墙面的大小　　　　D. 客房的间数与规模

78. 凡是与布草使用和保管等有关的员工，都必须知道布草应该存放的地点，放置的具体位置、种类、（　　）及摆放方法。

    A. 常识　　　　　B. 规定　　　　　C. 要求　　　　　D. 数量

79. 控制蟑螂的方法是保持环境清洁，食物收藏好，死角定期打扫，（　　），专家指导布放药物、诱饵。

    A. 随见随灭

    B. 向有蟑螂出没的地方（管道、水池）喷洒专门杀虫剂

    C. 布放粘蟑螂的胶

    D. 保持通风、喷洒空气清新剂

80. 窗帘实际作用是调和光线、御寒遮阳、（　　）、美化室内环境、增加客人心理上的安全感和一定程度上起到隔音作用。

    A. 保护隐私　　　　B. 保护视力　　　　C. 屏蔽外来视线　　D. 防止干扰

二、判断题（第 81 题—第 100 题。将判断结果填入括号中。正确的填"√"，错误的填"×"。每题 1 分，满分 20 分。）

81.（　　）宴请费用价格的确定主要依据宴请招待标准和与会人数。因地区不同，目前使用的主要有按"人"和"桌"两种计价单位。

82.（　　）行李架一般高 40—50 厘米，宽 60—65 厘米，长 75—85 厘米。

83.（　　）客房摆件与墙饰布置要协调，不能相互干扰或重叠而破坏整体感。

84.（　　）宾客醉酒回房间，男服务员可以搀扶客人回房间休息。

85.（　　）目前市场供应充足，楼层库房物品应勤申购、勤领用、少积压。

86.（　　）住店客人生病后，服务员一定要询问客人是否会传染。

87.（　　）步入市场经济后，社会主义职业道德增加了保守商业秘密、保护知识产

权、不出卖本企业利益、避免不正当竞争等新内容。

88.（　　）在法国，一般在葬礼上才可以送菊花。

89.（　　）布草变色原因很多，一旦发生，基本报损。

90.（　　）应当注意加强岗位之间、工作之间、部门之间的横向联系和沟通，做到快速反应，协调合作。

91.（　　）客人因心脏病死亡，不是传染病可以不用消毒客房。

92.（　　）硫酸钠可用于清洁卫生间坐便器。

93.（　　）"Could you add an extra bed in my room?" 的中文译法是"在我的房间加一张床行吗？"

94.（　　）填写特殊要求的表格，姓名、具体时间、批准人、批准时间、接收人签章和时间都应按照特殊的要求正确填写。

95.（　　）人们对职业道德的评价和衡量主要是通过个人信念、传统习惯和社会舆论作出的。

96.（　　）"Don't worry, madam, We'll see to it." 的中文译法是"别着急，夫人，我们查看一下"。

97.（　　）了解会见服务的有关内容，是为了有针对性地服务，效果更好。

98.（　　）房态转换的顺序：干净房→脏房→待查房。

99.（　　）连续性会议和展览一般要历时多天，甚至需要在一段时间内包租场，可以"场/日"为计价单位。"日"的计算以每日中可利用"次"数为依据，一般6"次"换算为1"日"。

100.（　　）地巾一般采用粗号纱，制成低密度、高层度的毯状织物。

中级客房服务员理论知识考核模拟试卷二

一、选择题（第 1 题—第 80 题。选择一个正确的答案，将相应的字母填入题内的括号中。每题 1 分，满分 80 分。）

1. 控制蟑螂的方法是保持环境清洁，食物收藏好，死角定期打扫，（　　），专家指导布放药物、诱饵。
   A. 随见随灭
   B. 向有蟑螂出没的地方（管道、水池）喷洒专门杀虫剂
   C. 布放粘蟑螂的胶
   D. 保持保持通风、喷洒空气清新剂

2. 作为墙饰的要求，墙饰的风格特点要与（　　）相一致。
   A. 客房的间数与规模　　　　　　　B. 客房的等级和墙面的大小
   C. 本地区风俗习惯及宗教信仰　　　D. 客房家具的布置风格

3. 墙饰壁挂艺术品在处理手法上要突出主墙，一般不宜置于（　　）。
   A. 床上方　　　B. 床右侧　　　C. 床尾部　　　D. 沙发上方

4. 衡量饭店经营管理和服务水平的重要标志之一是：提供各种（　　），让客人（　　）全方位享受。
   A. 便利；从生理到心理　　　　　　B. 服务；从精神到物质
   C. 产品；从菜点到服务　　　　　　D. 服务；从店内到店外

5. 坚持规范化和制度化管理，注意加强岗位之间、工种之间、部门之间的横向联系和沟通，建立（　　），互通情报，交流经验，快速反应，协调合作。
   A. 非正式沟通渠道　　　　　　　　B. 员工间的自发沟通渠道
   C. 正式沟通渠道　　　　　　　　　D. 小道消息传播渠道

6. 共同认可的公约，或者由管理部门或组织制定、颁布的纪律和规定，要求（　　）履行。
   A. 从业人员一律必须　　　　　　　B. 企业中的一部分人必须
   C. 行业中的某些人必须　　　　　　D. 从业人员按职责要求予以

7. 下列不属于签字仪式服务所用物品的是（　　）。
   A. 深绿色台呢　　　　　　　　　　B. 签字笔
   C. 酒及酒杯　　　　　　　　　　　D. 茶杯

8. 毫克的单位符号是（　　）。

A. g   B. mg   C. cg   D. lg

9. 客房内所配备的客房用品，要以客房的类别和（   ）为依据。
   A. 档次   B. 数量   C. 规格   D. 质量

10. 下列不属于吸尘器应用范围的是（   ）。
    A. 家具   B. 帘帐   C. 垫套   D. 烟缸

11. 单刷高速打蜡机的转速是（   ），它适合于（   ）。
    A. 200—250 转/分；抛光   B. 250—300 转/分；洗擦地板
    C. 300—500 转/分；打蜡   D. 500—700 转/分；喷磨

12. 散客的特点包括（   ）。
    A. 个性差异很大、饭店逗留时间较短
    B. 消费水平相对较高、行李较少
    C. 进出饭店频繁且无规律、消费水平相对较低
    D. 个性差异大且逗留时间短、消费高且行李少、进出饭店频繁且无规律

13. 盐酸的（   ），主要用于清除建筑时滞留下的水泥、（   ），效果非常明显。
    A. pH = 3；油漆   B. pH = 5；污渍   C. pH = 1；石灰斑垢   D. pH = 2；脏迹

14. 职业道德教育包括"内化""外化"两个过程："内化"就是通过学到的（   ）陶冶自身情操；"外化"就是将形成的（   ）转化为自觉的职业道德行为。
    A. 传统伦理道德；道德观念   B. 道德知识、规范；职业道德信念
    C. 道德准则和信仰；道德理想   D. 道德观念；道德信仰

15. 饭店为防止客人在床上吸烟不慎引起火灾，常在床头控制柜上放置（   ）。
    A. 烟缸   B. 防火须知   C. 安全疏散图   D. 防火标志牌

16. 双方签字完毕，服务员将放有香槟杯的托盘，分别端至双方主签人员面前，请其端取，然后（   ）。
    A. 从两边为陪签人员依次上酒
    B. 从桌后站立的陪签人员者中间开始向两边依次分让
    C. 请陪签人员端取
    D. 按先宾后主原则，分别向陪签人员上酒

17. 客房卫生间的热水温度应控制在（   ）为宜，温度过低不利于客人调选，过高则易发生烫伤事故。
    A. 40—50℃   B. 70—80℃   C. 50—60℃   D. 60—70℃

18. 四、五星级饭店配备的信纸、便笺，纸质不低于（   ）。
    A. 32 克   B. 50 克   C. 56 克   D. 70 克

19. 豪华套间的卫生间应配备电话副机，摆有（   ）或常青花草植物。
    A. 插花   B. 小盆景   C. 一枝鲜花   D. 一束绢花

20. VIP 用房卫生配备的低值消耗品中，面巾要求是（   ）。
    A. 经过消毒的   B. 未使用过的   C. 洁白干净的   D. 干净整洁的

21．前厅部与（　　）一般属同级机构，在日常工作中必须不断相互提供客房入住情况，以保证掌握最新房态。

A．营销部　　　　B．餐饮部　　　　C．公关部　　　　D．客房部

22．"住宿费多少？"英文是"（　　）"

A．How much do you charge for the room per night?

B．What is rent every week?

C．What price is it?

D．What does it cost?

23．接待政府代表团，要严格按照有关部门和接待单位的要求，注意作好（　　）工作。

A．保密　　　　B．宣传　　　　C．消毒　　　　D．灭菌

24．宾客患突发性疾病，服务员要沉着冷静，在没有（　　）的情况下，不可对客人施予任何治疗。

A．医务人员　　B．家属陪同　　C．接待单位　　D．饭店领导同意

25．一、二星级饭店客房大浴巾的重量不低于（　　）克。

A．300　　　　B．400　　　　C．500　　　　D．600

26．星级饭店客房卫生间配备的牙刷要求刷毛洁净、柔软、整洁，牙膏应（　　）。

A．在保质期内　B．无软化现象　C．黏度适中　　D．包装完好

27．下列属于客房多次性消耗物品的是（　　）。

A．起瓶器、冰桶、化妆品

B．床上用品、卫生用品、文具用品

C．烟缸、火柴、茶叶

D．电话使用说明、服务指南、房间用餐菜单

28．客房迎宾工作程序主要内容有（　　）。

A．迎梯、迎领入房、客房介绍、端茶送水

B．梯口迎接、开床、介绍、道别离房

C．摆放开水、端茶送水、道别离房

D．礼貌问候、详细介绍、道别离房

29．会见厅布置，记录员座位应安排在（　　）。

A．主人的后面　B．主宾的后面　C．主人的左边　D．主宾的右边

30．为了向宾客提供优质服务，使宾客满意，服务人员除了应具备良好的职业道德、广博的业务知识和熟练的专业技能之外，还要讲究礼节礼貌，注重（　　）。

A．超常服务　　B．个人卫生　　C．仪表仪容　　D．个性服务

31．体育代表团的生活特点和作息时间往往与他们的（　　）有关，针对这一点。客房服务员应满足他们合理要求，提供周到服务。

A．年龄　　　　B．个人爱好　　C．身份　　　　D．所从事职业

32. 客房项目中的"turn-down service"是指（　　）。

　　A. 做夜床　　　B. 程序服务　　　C. 流动服务　　　D. 房间整理

33. 重要客人抵、离店时，饭店组织有关人员列队欢迎、欢送是对客人的（　　）服务。

　　A. 礼仪　　　　B. 针对性　　　　C. 超常　　　　　D. 常规

34. 会谈续水操作要领，服务员左脚向两椅子的空档跨出半步，（　　）把水倒入杯中，然后盖上杯盖。

　　A. 将杯盖翻过来靠在杯盘边，端下茶杯

　　B. 左手小指和无名指夹住杯盖，端下茶杯，在座位的右后侧

　　C. 右手小指和无名指夹住杯盖，端下茶杯，在座位的左后侧

　　D. 将水瓶口对准杯口缓缓地

35. 当服务人员无法满足客人的合理要求时，要设法让客人明白：并不是服务人员怕麻烦、不愿意为他提供服务，而是由于条件所限，实在无法办到。这样做的心理依据是（　　）。

　　A. 通过"补偿"来消除挫折感　　　　B. 通过"替代"来消除挫折感

　　C. 通过"合理化"来消除挫折感　　　D. 通过"宣泄"来消除挫折感

36. 饭店为防止客人因吸烟不慎引起火灾，在房间内（　　）放置防火标志牌。

　　A. 写字台上　　　　　　　　　　　B. 茶几上

　　C. 床头控制柜上　　　　　　　　　D. 卫生间台面上

37. "Do you have any laundry?"在客房服务中译作"（　　）"

　　A. 您有什么东西要清洗？　　　　　B. 您有衣服要洗吗？

　　C. 这些衣服什么时候洗？　　　　　D. 您有哪些东西要清洗？

38. 会见结束后，服务员清理客人会场，发现客人遗留物品，而此时客人已离现场，物品应交给（　　）。

　　A. 公关部　　　B. 主办单位　　　C. 前厅部　　　　D. 财务部

39. 我国饭店星级划分的依据是饭店的（　　）及管理、服务水平。

　　A. 位置、卫生、设施、设备　　　　B. 规模、服务、设施、设备

　　C. 清洁、服务、设施、设备　　　　D. 建筑、装饰、设施、设备

40. 为适应我国国际旅游业发展的需要，尽快提高旅游涉外饭店的管理和服务水平，中华人民共和国国家旅游局于（　　）正式颁布《中华人民共和国评定旅游涉外饭店星级的规定》。

　　A. 1991 年 9 月 1 日　　　　　　　B. 1986 年 12 月 1 日

　　C. 1993 年 9 月 1 日　　　　　　　D. 1997 年 10 月 16 日

41. 旅游饭店的主要接待对象是旅游者，饭店一般要为宾客提供饮食、住宿、（　　）等多种服务。

　　A. 旅行游览、购物、娱乐健身

B. 贸易、展览、会议、业务洽谈

C. 办公、会议、业务洽谈、健身

D. 停车、加油、汽车租用、汽车美容

42. 对挂有"请勿打扰"牌的客房，清扫服务员要（   ）。

    A. 敲门进房打扫   B. 打电话后进房打扫

    C. 和领班一同进房打扫   D. 记下房号暂不打扫

43. "a TV set" 通常是指（   ）。

    A. 电视台   B. 电视接收机   C. 电视机   D. 电视接收机

44. 迎宾服务工作的四个环节是了解客情、（   ）、楼层迎宾、分送行李。

    A. 清扫客房   B. 端茶送水   C. 地毯吸尘   D. 布置房间

45. 客房的家具在购置时，要注意在式样、（   ）、色调、木质等方面相一致。

    A. 高度   B. 档次   C. 价格   D. 风格

46. 在书房的装饰布置中，书房所用的家具，最低限度不少于（   ）。

    A. 一桌一椅一书柜   B. 一桌一椅一沙发

    C. 一桌二椅   D. 一桌一椅

47. 水洗棉织品时，应按照棉织品洗涤标准（   ）。

    A. 定时加放原料   B. 定量加放原料

    C. 根据纤维的性能加放原料   D. 定时、定量加放原料

48. 同一客房卫生间的毛巾配备要求应（   ）相同。

    A. 数量   B. 质量   C. 种类   D. 颜色

49. "希望您好好休息，早日康复。"的英语是"（   ）"

A. Please take a good rest and I hope you will get well soon.

B. Please take a rest and I hope you'll get soon.

C. Please take several rests and I hope you'll get soon.

D. Please go to rest, I hope you'll get soon.

50. 规模小的会见，会见厅形式可按（   ）布置。

    A. 丁字形   B. 马蹄形   C. 长方形   D. 会议形

51. 客房部一般规定在（   ）对客房用品领用、耗用、结存情况进行全面清点盘库，确保账物相符，并填写盘库表。

    A. 月底   B. 月中   C. 月初   D. 下旬

52. 饭店洗涤后的床单要求做到（   ）。

    A. 清洁、洁白   B. 柔软、洁白

    C. 清洁、平整、洁白   D. 柔软、清洁

53. 根据我国的习惯，会见厅客人与主人座位安排是（   ）

    A. 客人在主人的右边   B. 客人在主人的左边

    C. 穿插坐在一起   D. 对面而坐

54. 客房迷你吧商品一般均采用该种商品的（　　　），以"瓶""听""袋"等作为计价单位。

  A. 密封包装 B. 塑料包装 C. 最小包装 D. 批量包装

55. 下列属于日本人最常见的礼节是（　　　）的鞠躬礼。

  A. 15 度   B. 90 度   C. 30—45 度 D. 30 度

56. 劳动合同的无效，由（　　　）确认。

  A. 上级行政主管部门或劳动争议仲裁委员会

  B. 劳动争议仲裁委员会或者人民法院

  C. 人民法院或检察院

  D. 劳动鉴定委员会或者人民法院

57. 在劳动合同中，必须载明（　　　）的条款。

  A. 劳动者一方违反劳动合同应承担的责任

  B. 缔约双方违反劳动纪律应承担的责任

  C. 缔约双方违反权利、义务应承担的责任

  D. 缔约双方违反劳动合同应承担的责任

58. 硫酸钠 pH＝5，可与尿碱起中和反应，可用于清洁卫生间的（　　　）。

  A. 洗脸盆 B. 坐便器 C. 浴缸   D. 地面

59. 下面关于普通双人床规格的说法正确的是（　　　）。

  A. 200 厘米×180 厘米

  B. 200 厘米×130 厘米

  C. 200 厘米×200 厘米

  D. 200 厘米×150 厘米

60. 台灯一般置于写字台（桌）、床头柜或茶几上，灯的样式、色调要与室内（　　　）、窗帘、床罩、沙发面、台布等相协调。

  A. 墙面   B. 地面   C. 家具   D. 整体

61. 经营、服务者应当听取消费者对其提供的商品或者服务的（　　　），接受消费者的（　　　）。

  A. 陈述；返修 B. 意见；监督 C. 计划；预订 D. 赞扬；改进意见

62. 对消费者提出的修理、重做、更换、退货、补足商品数量、退还货款和服务费用或赔偿损失的要求，故意拖延或者无理拒绝的，应当依照（　　　）和其他有关法律、法规的规定，承担民事责任。

  A. 《中华人民共和国产品质量法》

  B. 《中华人民共和国消费者权益保护法》

  C. 《中华人民共和国食品卫生法》

  D. 《中华人民共和国治安管理处罚条例》

63. 按照签字厅布置要求，在距签字椅后（　　　）处，根据出席参加签字仪式的人

数，摆放适当的梯式照相脚架。

    A. 1.2 米   B. 0.5 米   C. 2 米   D. 2.5 米

64. 新招录的员工在（   ）内发现不符合饭店要求的，饭店可以随时解除劳动合同。

    A. 待岗期   B. 试用期   C. 合同期   D. 转正期

65. 特大事故是指一次事故造成旅游者（   ），或经济损失在（   ）以上，或性质特别严重，产生重大影响者。

    A. 死亡；100 万元   B. 死亡多名；1000 万元

    C. 死亡多名；100 万元   D. 死亡多名；1 亿元

66. "Here is the light switch." 的中文译法是 "（   ）"。

    A. 这是灯   B. 这是灯罩   C. 这是电源   D. 这是电灯开关

67. "Excuse me , could you post these letters for me?" 的中文译法是 "（   ）"

    A. 劳驾，帮我邮寄这些信件好吗？   B. 劳驾，帮我买一些东西好吗？

    C. 劳驾，帮我把这些信件扔掉好吗？D. 劳驾，帮我这些东西扔掉好吗？

68. 国家星级标准规定，一至二星级饭店客房使用的面巾规格是（   ），重量是（   ）。

    A. 55 厘米 ×30 厘米；110 克   B. 65 厘米 ×30 厘米；120 克

    C. 70 厘米 ×40 厘米；135 克   D. 75 厘米 ×60 厘米；140 克

69. "祝您一切顺利！" 的英文译法是 "（   ）"

    A. I wish you every success.

    B. I hope you made the success.

    C. I celebrate the success for you.

    D. I wish you made more progress.

70. "Please take it easy, madam." 的中文译法是 "（   ）"。

    A. 把它带走，夫人   B. 别走，夫人

    C. 别着急，夫人   D. 你可以走了，夫人

71. 客房双人床使用的大号双人床单规格一般选择（   ）为宜。

    A. 230 厘米 ×270 厘米   B. 270 厘米 ×290 厘米

    C. 260 厘米 ×220 厘米   D. 280 厘米 ×290 厘米

72. 客房使用的大号枕套规格一般选择（   ）为宜。

    A. 45 厘米 ×75 厘米   B. 55 厘米 ×80 厘米

    C. 55 厘米 ×95 厘米   D. 40 厘米 ×80 厘米

73. 控制螨的方法是（   ），及时处理废弃的食物和包装物，保持家具和床上用品的清洁，定期翻晒床垫，喷洒杀虫剂。

    A. 改善室内通风和空调效果   B. 经常紫外线消毒

    C. 喷洒空气清新剂   D. 储存物中放入驱虫药盒

74. 白蚁喜欢在阴暗潮湿和不通风的地方生活，对竹木制品、（　　　）、皮革制品、纸制品、化纤塑料制品都有严重的危害。

    A. 食品　　　　　　B. 库房　　　　　　C. 厨房　　　　　　D. 动植物制品

75. 下列属于会见厅布置要求形式的是（　　　）。

    A. 马蹄形　　　　　B. 横一字形　　　　C. 长方形　　　　　D. 会议形

76. 根据我国的习惯，会见厅主宾与主人安排座位是（　　　）。

    A. 主宾在主人左侧　　　　　　　　　B. 主宾在主人右侧

    C. 对面而坐　　　　　　　　　　　　D. 随意而坐

77. 布草的储存要求是适宜的温度、湿度，（　　　），墙面材料须经过防渗漏、防霉蛀处理，保持清洁，布草上加防护罩，布草上架并附有货卡，要有消防设备等。

    A. 码放不宜太多、太高　　　　　　B. 能接触室外空气

    C. 经常倒库　　　　　　　　　　　　D. 通风透气

78. 正确的库房温度和湿度应分别为（　　　）和（　　　）。

    A. 22℃；50%　　　B. 25℃；50%　　　C. 24℃；45%　　　D. 20℃；50%

79. 消防安全重点单位对每名员工应当（　　　）消防安全培训。

    A. 每半年进行一次　　　　　　　　　B. 每年至少进行一次

    C. 每年进行一次　　　　　　　　　　D. 每季度进行一次

80. 《劳动法》第五十二条规定：用人单位必须建立、健全劳动安全卫生制度，严格执行国家劳动安全卫生规程和标准，对劳动者进行劳动安全卫生教育，防止（　　　），减少（　　　）。

    A. 工伤事故；职业病

    B. 食物中毒；病菌感染

    C. 劳动过程中的事故；职业危害

    D. 蚊蝇四害；病菌传播

二、判断题（第81题—第100题。将判断结果填入括号中。正确的填"√"，错误的填"×"。每题1分，满分20分。）

81. （　　　）饭店在选择客房用品时，主要考虑质量，而无须顾及价格因素。

82. （　　　）饭店机场代表的职责就是代表饭店为预定客人提供接送服务。

83. （　　　）商务楼层散客一般对服务效率要求较高，而对服务价格不太敏感。

84. （　　　）欢送信奉基督教的西方宾客上飞机时，应礼貌地说："Good luck！"或"Have a good journey！"

85. （　　　）为客人代修物品时，修好后的物品应核查验收并及时交给客人。

86. （　　　）签字仪式一定要在宽敞高大和有气派、挂有壁画作为照相背景的厅室内进行。

87. （　　　）对待醉酒客人，通常应尽量将醉客安置回客房休息，但要注意房内动静。

88. （　　） 在家具的选择上，既要美观，又要舒适实用。

89. （　　） 临时布置一般是出于某种特殊原因，在客房里临时摆放鲜花，向客人表示祝贺或敬意。

90. （　　） VIP 离店后服务员迅速检查房间，其目的是检查有无未熄灭的烟蒂，防止失火。

91. （　　） 理智型消费者对娱乐产品和服务的价格十分敏感，既要求物美，也要求价廉。

92. （　　） 收到的邮件如果没写明房号，服务员需认真查核客人的房间号。

93. （　　） 客房区域一旦发生火灾，服务员应按照饭店指定的消防安全规则做到及时报警、迅速扑救、疏导宾客、保护现场。

94. （　　） 会谈中间休息时，服务员应整理会谈桌，增补便笺、铅笔等。

95. （　　） 客房用品包括"sheet，pillowcase，blanket"。

96. （　　） 梅雨季节，库房应增设风扇，使环境保持通风透气，有利于物品储存保养。

97. （　　） 洗地毯时上下来回洗刷 1—2 次。

98. （　　） 韩国人自称为太阳神的子孙，金黄色是他们非常喜欢的民族服装的颜色。

99. （　　） "Fancy seeing you here." 的中文译法是"真想不到在这儿见到您"。

100. （　　） 承租商场、铺面房的商户一般为长期包租，为了计算和交费简便，大部分采用"平方米（m²）/月"为计价单位。

各模块练习题和模拟试卷参考答案

模块1　练习题参考答案

一、选择题

1. C　2. B　3. A　4. B　5. D

二、判断题

1. √　2. √　3. ×　4. ×　5. √

模块2　练习题参考答案

一、选择题

1. B　2. B　3. B　4. C　5. A

二、判断题

1. √　2. ×　3. ×　4. √　5. ×

模块3　练习题参考答案

一、选择题

1. D　2. C　3. C　4. B　5. D

二、判断题

1. √　2. √　3. √　4. ×　5. ×

模块4　练习题参考答案

一、选择题

1. B　2. C　3. C　4. D　5. C

二、判断题

1. √　2. √　3. √　4. √　5. ×

模块 5　练习题参考答案

一、选择题
1．D　2．C　3．B　4．C　5．C

二、判断题
1．×　2．√　3．√　4．√　5．√

模块 6　练习题参考答案

一、选择题
1．A　2．B　3．D　4．D　5．A

二、判断题
1．√　2．×　3．×　4．×　5．√

模块 7　练习题参考答案

一、选择题
1．C　2．C　3．C　4．D　5．B

二、判断题
1．×　2．×　3．×　4．√　5．×

模块 8　练习题参考答案

一、选择题
1．B　2．C　3．B　4．D　5．A

二、判断题
1．√　2．√　3．×　4．√　5．√

模拟试卷一参考答案

一、选择题

1．A	2．A	3．A	4．C	5．D	6．B	7．C	8．D
9．C	10．C	11．D	12．C	13．D	14．D	15．D	16．A
17．C	18．D	19．C	20．C	21．C	22．A	23．D	24．B
25．A	26．A	27．B	28．D	29．D	30．A	31．D	32．D
33．B	34．B	35．C	36．A	37．B	38．C	39．C	40．D
41．C	42．A	43．A	44．D	45．C	46．C	47．D	48．C

49. A　50. A　51. B　52. C　53. C　54. C　55. B　56. A
57. D　58. A　59. C　60. A　61. B　62. C　63. D　64. A
65. A　66. C　67. A　68. A　69. A　70. D　71. A　72. B
73. C　74. C　75. D　76. C　77. B　78. D　79. B　80. C

二、判断题

81. √　82. √　83. √　84. ×　85. √　86. ×　87. √　88. √
89. ×　90. √　91. ×　92. √　93. √　94. √　95. √　96. ×
97. √　98. ×　99. ×　100. ×

模拟试卷二　参考答案

一、选择题

1. B　2. D　3. A　4. A　5. C　6. D　7. D　8. B
9. A　10. D　11. C　12. D　13. C　14. B　15. D　16. B
17. C　18. D　19. B　20. B　21. D　22. A　23. A　24. A
25. B　26. A　27. D　28. A　29. B　30. C　31. D　32. A
33. A　34. B　35. C　36. C　37. B　38. B　39. D　40. D
41. A　42. D　43. C　44. D　45. D　46. D　47. D　48. B
49. A　50. B　51. A　52. C　53. A　54. C　55. C　56. B
57. D　58. B　59. D　60. A　61. B　62. A　63. A　64. B
65. C　66. D　67. A　68. A　69. A　70. C　71. A　72. C
73. A　74. D　75. A　76. B　77. D　78. D　79. B　80. C

二、判断题

81. ×　82. ×　83. √　84. √　85. √　86. ×　87. √　88. √　89. √　90. ×
91. ×　92. √　93. √　94. √　95. √　96. √　97. ×　98. ×　99. √　100. √

第二部分　操作技能

中级客房服务员的工作要求见下表。

中级客房服务员的工作要求表

职业功能	工作内容	技能要求	相关知识
迎客准备	了解客情	1. 能用计算机查询客房信息 2. 能按宾客的等级安排接待规格	饭店计算机管理系统一般操作方法
	检查客房	1. 能向客人正确介绍客房设备的各项性能 2. 能布置各种类型的客房	1. 报修程序 2. 客房类型及布置要求
迎接服务	迎候宾客	能用英语介绍客房服务的内容	1. 饭店常用接待用语 2. 中外礼仪、习俗常识
	介绍情况	1. 能向客人介绍客房所有设备的使用方法 2. 能向客人介绍饭店各项服务以及特点	饭店各部门的服务设施与功能
对客服务	清洁客房与卫生间	1. 能发现初级客房服务员在工作中存在的问题，并给予指导 2. 能清洁贵宾房	贵宾房清洁要求
	清洁楼层公共区域和进行计划卫生	1. 能实施"大清洁"计划 2. 能正确使用清洁剂 3. 能定期对清洁设备进行保养	1. 清洁设备的维护保养常识 2. 各类清洁剂的成分、性能 3. "大清洁"计划的范围、内容及程序
	特殊情况处理	能掌握住店生病客人及醉酒客人的基本情况，并给予适当的照顾、帮助	1. 基本护理常识 2. 客人个人资料
	代办客人洗衣及擦鞋服务	1. 能介绍洗衣服务项目、收费事项 2. 能正确核对洗衣单 3. 能根据客人需要提供擦鞋服务	1. 洗衣单填写要求 2. 皮革保养常识
会议服务	会议布置与服务	1. 能根据宾客要求，布置、安排不同类型的会议室，安排服务人员 2. 能准备所需文具、用品 3. 能提供饮品服务 4. 能使用视听设备	1. 会议室布置规范 2. 会议礼仪常识 3. 会议服务常识 4. 视听设备使用基础知识

（续上表）

职业功能	工作内容	技能要求	相关知识
客房用品管理	楼层库房的管理	1. 能进行楼层库房物品的保管 2. 能正确掌握客房的储备量 3. 能正确使用登记表	1. 一次性用品的名称与数量配备 2. 一次性用品的收发制度 3. 有关表格填写常识
	控制客房用品	1. 按客房等级发放一次性用品 2. 按饭店规定，计算客房每日、每月、每季度客房用品的使用量 3. 能进行盘点	盘点知识
	布草管理	1. 能掌握楼层布草房的基本储存量 2. 能进行布草的盘点工作 3. 能根据使用情况，适时提出更换处理旧布草的意见 4. 能正确填写报损单	1. 布草质量的要素与规格 2. 楼层布草房管理基本要求 3. 楼层布草配备标准 4. 布草的收发制度

铺中式床

精练 ① 铺床单

程序一：开单

步骤 1：将折好的床单放在床头的中间位置，将床单的开口边朝右，折口方向向上。

步骤 2：左手拇指拉起床单的左上角的第一层床单，然后左手自然垂下。

步骤 3：右手拉起右边的第一层布边，用力将床单尾部完全甩松，之后将床单抛向床尾。

步骤 4：右手将床头的床单拉开，使床单的正面朝上，中线居中。

程序二：甩单

步骤 1：手心向下，两手相距约 80 厘米，将床单提起约 100 度角，使空气进至床尾，并使床单鼓起。身体向前倾，用力将床单甩开。

步骤 2：当空气将床单尾部推开时，顺势调整床单中线，将床单往床头方向拉正，使床单准确地降落在床垫的正确位置上。

程序三：包角

步骤 1：从床头开始包角，先将床头下垂部分的床单掖进床垫下面。

步骤 2：先包右角，左手将右侧下垂的床单拉起折角，右手将右角部分床单掖入床垫下面，然后左手将折角往下垂直拉紧包角成直角，同时右手将包角下垂的床单掖入床垫下面。其余三角与此类似。

精练 ② 入被芯

程序一：打开被套

步骤 1：双手从被套尾部开口处用力抖动被套，将空气灌入被套。

步骤 2：最大限度地打开被套尾部，并露出被头的两角。

程序二：入被芯

步骤 1：双手打开被芯放入已打开的被套内，使被芯的四角与被套的四角完全重合。

步骤2：在床尾将被尾的绳结绑好，之后抖动被子，使其平整，并使被头与床头平齐，中线与床的中线对齐。

步骤3：将床头整理平整，并将床头部分翻折40厘米。

步骤4：左手托起床垫，将多余的被子包到床架与床垫之间并使之成90度角。右角的包法与左角相同。

精练 3 入枕

步骤1：拿取枕头套，打开枕套口，将枕芯往里套。

步骤2：整理好枕套口，枕头的四角与枕套的四角重合，使其美观、挺括。

步骤3：将套好的两个枕头放在床头正中位置，开口反向床头柜。

训练项目：铺中式床

1. 考核时间：3分钟

2. 具体考核要求

（1）按照程序操作；

（2）必须在铺床过程中保持布草的正面为客人的身体接触面；

（3）床上用品铺放整齐，包角紧凑，摆放位置正确；

（4）在整个实操过程中不得污染布草，不得跪床操作；

（5）在3分钟内完成操作。

3. 否定项说明

（1）没有穿着工装或制服；

（2）布草准备不齐；

（3）铺床程序出现2处以上错误；

（4）超过规定时间1分钟以上。

4. 配分与评分标准

序号	考核内容	考核要点	评分标准	配分	扣分	得分
1	铺设顺序	由下到上，从铺到盖	顺序颠倒一次扣2分；两次以上不得分	8		
2	布草方向	与身体接触部分为正面	正反面错误一次扣2分；两次以上不得分	4		
3	布草位置	中线居中	中线偏离扣2分	2		
4	包（折）角	床单折叠或包藏部分整齐、平实	床单折叠或包藏部分不整齐，每部分扣2分；不平实扣2分	6		
5	枕头摆放	靠近床头，左右边距均等	左右边距不均等扣2分	4		
6	成型效果	平整、美观、紧凑、匀称	成型效果不平整扣2分；不匀称扣2分	4		
7	操作规范	操作方向整齐，操作卫生	逆向操作扣2分；污染布草扣2分；跪床操作扣2分	2		
合计				30		

客房清扫工作

精练 ① 客房清扫前的准备工作

程序一：清洁用具的准备

步骤1：准备房务工作车。

在前一天下班时准备好房务工作车，第二天上班时再检查一遍。

（1）擦拭房务工作车：用干净、半干湿的抹布抹车身一遍，抹的同时检查车是否完好无损。

（2）挂布草袋和垃圾袋：挂上干净的布草袋和垃圾袋，并检查是否完好无损。

（3）摆放一次性用品：把一次性用品放在房务工作车顶格，分类整齐放好。

（4）摆放干净布草：把四巾、枕套放在上格，床单、被套放在下格。

（5）将房务工作车推至房间门口呈斜侧放。

步骤2：准备清洁工具。

（1）准备两双不同颜色的手套，一双是洗浴缸和脸盆专用手套，一双是洗坐便器专用手套。

（2）准备三把刷子：一把是洗浴缸和脸盆毛刷，一把是洗坐便器的百洁刷，一把是洗坐便器内侧的鲍鱼刷。

（3）一瓶多功能清洁剂。

（4）所有清洁工具用清洁篮装放。

步骤3：准备抹布。

（1）准备两块房间使用的抹布：紫色湿布专抹房间家具用品，粉色干布专抹电器、金属、地角线、镜面等。

（2）准备四块卫生间使用的抹布：紫色湿布专抹浴缸、脸盆；粉色干布专抹镜子、电器、金属；黄色抹布专抹坐便器外侧；绿色抹布专擦卫生间地板。

（3）所有抹布按规定要求摆放好。

步骤4：准备吸尘器。把吸尘器安装好后放到需要清扫的房间门口一侧。

程序二：接受工作指令

步骤1：拿客房清扫登记表（任务表）、"正在清洁"牌、工作钥匙。

步骤2：分析房态。

程序三：确定清扫顺序

（1）淡季：按常规，先打扫住客房，然后打扫走客房。

（2）旺季：先打扫前台要求房，然后依次打扫"请即打扫"房、VIP房、走客房、住客房。

精练 ② 走客房的清扫

程序一：进

步骤1：敲门报身份（按规定要求敲门，报身份）。

步骤2：开门（按规定要求打开房门）。

步骤3：挂牌（打开房门后，在门把上挂"正在清洁"牌）。

步骤4：开电源总开关。

步骤5：填写登记本（登记入房时间）。

步骤6：调节空调温度（把空调温度调到大约18 ℃，风速调至最大）。

步骤7：拉开窗帘、开窗（拉开窗帘后，打开窗5秒后再关上）。

程序二：撤

步骤1：撤房间内客人用品、垃圾。顺序是：高衣柜里的脏物品→写字台、抽屉的脏物→床头柜的物品（纸屑、一次性拖鞋等）→茶几（用过的杯具、烟灰缸等），垃圾放进垃圾桶，之后和其他撤出的物品一起拿到房外，垃圾倒入垃圾袋里。

步骤2：撤床上用品。

（1）先撤B床：把被芯、枕芯放在沙发上。

（2）后撤A床：把被芯、枕芯放在B床上。

（3）把脏布草卷好，放入房外的布草袋。

步骤3：撤卫生间用品。

（1）带清洁篮和小地毯，把小地毯铺在卫生间门口。

（2）把清洁篮放在云石台下靠门一侧。

（3）冲坐便器，第一次用多功能清洁剂喷"三缸"。

（4）撤卫生间内客人使用过的用品：四巾、六小件、纸巾、厕纸、垃圾等。

程序三：铺

步骤1：带两套干净布草进房，一套放在沙发上，一套放在B床上。

步骤2：先铺A床，再铺B床。

程序四：抹

步骤1：拿一干一湿2块抹布（左干右湿）。

步骤2：抹的原则：从上到下、从里到外、干湿分开、环形清理、注意检查、家具复原。

步骤3：按顺序抹：门铃（干）→门框（湿）→正、反门板（湿）→高衣柜、衣架（湿）→衣柜门板（湿）→小酒吧里面（干）、外面门（湿）→行李架（湿）→梳妆镜灯、服务指南（干）→写字台面、抽屉、台脚（湿）→椅子（湿）→电视机（干）→地角线（干）→茶几（湿）、沙发椅（干）→壁画（干）→B 床床头板（干）→床头灯、电话（干）→床头柜面（湿）→电源控制箱（干）→床头柜下面（湿）→A 床床头板（干）→地角线（干）→卫生间门框（湿）→卫生间正、反门板（湿）→电源总开关（干）。

程序五：洗

步骤1：拿4块抹布进卫生间。

步骤2：再次用多功能清洁剂喷"三缸"。

步骤3：戴上洗浴缸、脸盆的专用手套。

步骤4：用专用刷洗脸盆、浴缸（先刷脸盆，再墙面后到浴缸和浴缸上的墙面）。

步骤5：冲水：先冲脸盆，再用花洒冲浴缸，顺便搓洗浴帘。

步骤6：抹干：用专用抹布抹脸盆（湿）、浴缸（湿）、墙面（湿）、电器（干）、金属（干）。

步骤7：洗坐便器：先换上洗坐便器手套，用百洁刷洗坐便器外侧，用鲍鱼刷洗坐便器里面。

步骤8：冲水：将坐便器内外冲洗一遍。

步骤9：抹干：用专用抹布抹坐便器。

步骤10：用水冲干净地漏后，再用专用抹布从里到外抹干。

步骤11：收拾好清洁工具，放到房外房务工作车指定位置。

程序六：补

步骤1：补房间客房用品：把所有客房用品拿到房间，按要求摆放好。

步骤2：补卫生间用品：把一次性用品、四巾和六小件带入卫生间按要求摆放好。

步骤3：补垃圾桶、垃圾袋。

程序七：吸

步骤1：插电源。

步骤2：把吸尘器推到房间最里面，打开开关。

步骤3：双手握吸尘器手把，与身体保持60度角。

步骤4：顺着地毯纹路吸房间地毯，注意边角，从里到外吸。

步骤5：吸卫生间地面的尘，先换至硬质地面档，从里到外吸。

步骤6：吸完尘后，关机，拔电源、绕线、摆放好。

程序八：检

步骤1：检查房间（环视房间一周）。

步骤2：拉窗帘。

步骤3：调节空调温度到22 ℃—23 ℃。

步骤 4：检查卫生间（环视卫生间一周）。

步骤 5：关卫生间门约呈 45 度角。

步骤 6：取牌、关电源、关门。

步骤 7：填登记表（填出房时间、补物品的情况等）。

图 10 - 1　走客房的清扫

精练 ③　开夜床

程序一：进（参照精练2）

程序二：撤（参照精练2）

程序三：开夜床

步骤 1：带晚安巾、小礼品、早餐牌进房。

步骤 2：按规定要求开夜床（将被子向床头柜方向折成30—45度角，拍松枕头）。

步骤 3：放早餐牌（放至床头成45度角），小礼品放在床头柜。

步骤 4：放晚安巾和一次性拖鞋，把晚安巾平铺在床前的地毯上，并摆放上一次性拖鞋。

步骤 5：将睡衣放在床尾。

程序四：卫生间小整理（参照精练2）

程序五：检（参照精练2）

图 10 – 2　开夜床

训练项目：清洁卫生间

1. 考核时间：10 分钟

2. 具体考核要求

（1）正确掌握操作规程；

（2）动作熟练、规范；

（3）按照正确程序完成；

（4）在 10 分钟内完成操作。

3. 否定项说明

（1）没有穿着工装或制服；

（2）物品工具准备不齐，导致不能考核；

（3）卫生间整理程序出现 2 处以上错误；

（4）超过规定时间 2 分钟以上。

4. 配分与评分标准

序号	考核内容	考核要点	评分标准	配分	扣分	得分
1	准备	将清洁用具及所需客房用品整齐地摆放在房务工作车中	准备不齐扣1分	2		
2	清洗卫生间	开门，开灯，冲水	遗漏一项扣1分	2		
		撤垃圾、脏物、布草及用品	未按顺序扣2分，遗漏一项扣2分，扣完为止	4		
		刷洗"三缸"	未按程序扣5分，出现一处质量问题扣2分	8		
		擦干卫生间及"三缸"	未按顺序扣2分，遗漏一项扣2分	6		
		配齐物品，摆放整齐	未按顺序扣2分，一项不符合规格扣2分，扣完为止	4		
3	检查	检查有无遗漏之处或有无清洁工具留下	有遗漏之处或有清洁工具留下扣2分	2		
4	关灯、关门	关灯，并虚掩卫生间门	遗漏一项扣1分	2		
合计				30		

客房楼层接待

精练 ① 楼层迎宾至客房门口

程序一：电梯口迎宾

步骤1：服务员接到前台的电话或看到电梯显示有客人到达该楼层时，应马上到电梯口迎接客人。

步骤2：客人快到达楼层时，应迅速在电梯口一旁适当的位置按规定要求站立好。

步骤3：电梯显示客人到达楼层，服务员要面带微笑，一手按住电梯按钮，一手示意客人出电梯，并用敬语欢迎客人："小姐/先生，欢迎您入住××酒店第×楼层。"

程序二：核对房卡

步骤1：迎宾后请客人出示房卡："小姐/先生，请出示您的房卡。"

步骤2：双手接过房卡，然后核对房卡："哦，您是入住××号房。"

步骤3：问客人是否需要帮忙提行李："请问需要我帮您提行李吗？"

程序三：迎领宾客到房间（带房）

步骤1：用手示意客人"这边请"。引领客人到房间时要走在客人侧前方1米处，拐弯处用手示意客人前进的方向。

步骤2：敲门、报房号。

步骤3：来到房间门口，提示客人"小姐/先生，您的房间到了"。服务员站立在离房门30—50厘米处，面向房门，面带微笑正视窥视镜，用中指和食指敲门3下（连续敲2次），报身份，然后按1次门铃，再报身份，之后用客人的房卡开门，插卡取电，然后退出房门一侧，用手示意客人"请进房间"。

步骤4：服务员随后入房，将行李放在行李架上。询问客人是否还有其他需要，之后退出房间，面向客人轻轻将房门关上。

程序四：回岗位登记

步骤1：回到工作岗位。

步骤2：在登记本上作好记录，内容包括客人姓名、入住时间、房号、服务员姓名。

图 11-1 楼层迎宾至客房门口

精练 ② 介绍房间设施设备

程序一：按规定要求迎宾（参照精练1）

程序二：按规定要求进房（参照精练1）

程序三：放行李，拉窗帘

步骤1：把行李放在行李架上。

步骤2：走到窗前轻轻地将窗帘拉开。

程序四：介绍房间设施设备（可有针对性地选择酒店有特色的项目进行介绍）

（1）介绍房间的地理位置。如："这间房是外景房，可以看到美丽的珠江。"

（2）介绍空调的使用方法。如："我们酒店使用的是分体空调，这是遥控器，这个按键可以调节空调的温度，可以根据需要调节。"

（3）电话的使用方法。如："这是房间的电话，可以拨打内、外线，拨打外线需在电话号码前加"9"，拨打国际长途电话需按酒店规定另外收费。"

（4）介绍服务指南。如："如果您想了解我们酒店更多的服务，请查看服务指南，里面有详细的解说。"

（5）介绍卫生间的设施设备。如："小姐/先生，您经过长途旅行一定很累了，卫生间配备了按摩浴缸，您可以好好放松一下。"

程序五：退出房门

步骤1：礼貌询问客人是否还有其他需要："您还需要别的服务吗？如果需要服务的话，请拨打客房服务中心电话××××，我们24小时为您服务。"

步骤2：敬语祝客人住得愉快。如："祝您住店愉快。"

步骤3：面向客人退出房门，轻轻把房门关上。

程序六：回岗位登记（参照精练1）

精练 ③ 送欢迎茶

程序一：沏茶

步骤1：到工作间准备沏茶。

步骤2：沏茶前要挑选配套、完好无缺的杯具。

步骤3：按客人要求在茶壶里放入适量的茶叶，然后冲上沸腾的水。

程序二：送茶水到房间

步骤1：理盘：将茶壶、茶杯放入托盘，重物放里档，轻物放外档。

步骤2：托盘：理好盘后按规定要求送茶水到房间（用左手托盘到房间门口）。

步骤3：敲门进房。

（1）来到房间门口，按规定要求敲门报身份（参照精练1）。

（2）客人来开门，要礼貌问好："您好，小姐/先生，我是服务员，是来送茶水的。"

（3）将托盘的茶水放在房间的茶几上，茶壶向里。

程序三：斟茶

步骤1：左脚在前，右脚在后站立。

步骤2：拿取茶壶：一手拿茶壶把，一手按住茶壶盖。

步骤3：斟茶到茶杯里，以7分满为宜。

程序四：上茶

步骤1：上茶的顺序：先女宾后男宾，有访客的话，先宾后主。

步骤2：上茶时左手拿杯把，右手拿杯碟，杯把转向客人的右手，然后用手示意"请"。

步骤3：撤下托盘，茶壶嘴切忌对着客人。

程序五：退出房门

步骤1：礼貌询问客人还有什么需要："您还需要其他服务吗?"

步骤2：如客人没有需要，就退到房间门口，微笑面向客人轻轻关上房门。

程序六：回岗位登记（参照精练1）

图 11－2 送欢迎茶

精练 ④　宾客离店时的送客服务

程序一：等电梯

站在相应的电梯口位置，按电梯按钮。

程序二：敬语送客

一手按住电梯按钮，一手示意客人进电梯，敬语告别。

程序三：查房

迅速回到房间，检查小酒吧、检查是否有客人遗留物、检查设施设备。

程序四：通知相关部门

通知前台（收银处）和主管（准备清扫客房）。

程序五：回岗位登记（参照精练1）

训练项目：客房接待

1. 考核时间：5分钟

2. 具体考核要求

（1）正确掌握操作规程；

（2）动作熟练、规范；

（3）按照正确程序完成；

（4）在5分钟内完成操作。

3. 否定项说明

（1）没有穿着工装或制服；

（2）严重失礼导致客人离店；

（3）客房接待程序出现2处以上错误；

（4）查房出现明显漏查项目2处以上。

4. 配分与评分标准

序号	考核内容	考核要点	评分标准	配分	扣分	得分
1	迎接客人	站在服务处，面带微笑表示欢迎	没有使用敬语扣2分；没有主动为客人提拿行李扣2分	4		
2	代客开门	礼貌地请客人出示房卡，并核对	没有使用敬语扣1分；没有请客人出示房卡扣1分；没有核对扣1分	3		
		引领客人到房间，随后送欢迎茶	引领时手势不正确扣1分；不按进房程序进房扣1分；没有送欢迎茶扣1分	3		
		介绍服务项目和房内设备	遗漏一项扣1分	4		
3	礼貌退出	面向客人退出房间	未面向客人扣1分	1		
4	送别客人	提醒客人检查自己的行李物品；征求即将离店客人的意见，用敬语表示欢送；客人走后迅速检查房间，并在1分钟内报告前台收银处	没有提醒客人扣1分；没有征询意见扣1分；没有使用敬语扣1分；查房不仔细，每漏一项扣1分；没有通知前台扣1分	5		
合计				20		

对客服务项目

精练 ① 访客服务

程序一：敬语服务

看到客人来服务台时，主动与客人打招呼："您好，小姐/先生，请问有什么可以帮助您的吗？"（客人说："我想找住在你们酒店的陈先生。"）

程序二：核实身份

步骤1：问清访客的相关信息，如姓名、单位，查看有效证件。

步骤2：问清住客的房号、姓名、性别等信息，如与住客情况相符，可让来访者填写访客登记表。

程序三：电话与住客联系

步骤1：住客不在房间，可以请访客留言，或请其在大堂等待。

步骤2：住客在房间："您好，我是服务员，有位李先生找您，您要接见吗？"（掌握住客的会客意愿）按住客指定的地点安排客人会客。

程序四：带访客到住客房间

步骤1：礼貌地跟客人说："先生，您要找的陈先生在房间等您，他住在 705 号房。"

步骤2：登记有效证件，作好访客记录。

步骤3：带客人到房间。对客人说："先生，请跟我来。"如果服务员走得开的话，要带访客到房间；如果走不开，就告知房号，让访客自己走去房间。

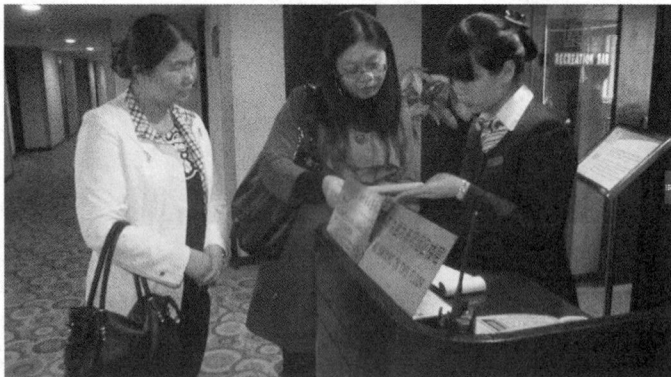

图 12-1 访客服务

精练 ② 洗衣服务

程序一：收取客衣

步骤1：按规定要求进房。

步骤2：检查客衣：进房后环视一周，看房门后有没有要洗的客衣，再进卫生间看门背后和洗衣篮。

步骤3：核对客衣：看到有要洗的客衣要核对件数、洗涤的方法、是否有破损、是否有遗留物品、是否有特别的污渍。注意：洗衣单由客人填写，服务员核对时与客人填写的有出入时，客人在房间则直接提醒客人更改，客人不在房间则以服务员的判断为准。

步骤4：将待洗客衣拿回工作间登记。

程序二：交换客衣

步骤1：送洗客衣，把待洗的客衣交给洗涤部的客衣收发员。

步骤2：收回洗好的客衣：客衣收发员把洗干净的客衣交回给楼层，由楼层服务员签收。

程序三：将客衣送回房间

（1）客人不在房间。

步骤1：按规定要求进房。

步骤2：将特别声明卡（内容是："尊敬的阁下，您的衣服已洗好，如果需要的话请随时与我们联系。"）放在房间门缝。

步骤3：回工作岗位作好记录。

（2）客人在房间。

步骤1：按规定要求进房。

步骤2：让客人检查洗干净的衣服。

步骤3：请客人签收。

步骤4：帮客人把衣服放好。

程序四：退出房间

程序五：回岗位登记

图12-2　洗衣服务

精练 ③　擦鞋服务

程序一：准备工具
需要准备的工具包括鞋篮、鞋刷、报纸、鞋油、卡片等。
程序二：取回待擦的鞋
步骤 1：拿鞋篮、卡片到房门口收鞋。
步骤 2：在卡片上写上房号，放入鞋内。
步骤 3：把鞋子放进鞋篮，拿回工作间。
程序三：擦鞋
步骤 1：打开报纸垫鞋。
步骤 2：用抹布把鞋上的浮尘抹掉。
步骤 3：上鞋油。
步骤 4：用鞋刷用力均匀地擦鞋，直到光亮为止。
步骤 5：收拾工具。
程序四：送鞋回房
步骤 1：用鞋篮装好擦干净的鞋。
步骤 2：按规定要求进房。
步骤 3：把鞋放到规定的地方。
程序五：回岗位登记

精练 ④　代办服务

程序一：主动问好
步骤 1：见到客人主动问好："您好，小姐/先生，请问有什么可以帮助您的吗？"
步骤 2：请客人出示房卡："请您出示房卡。"
程序二：填写代办表
客人填写代办表的内容（姓名、物品名称、型号、特征、颜色、修复要求和取回时间）并签名。
程序三：核对
步骤 1：服务员对照表格核对后签名。
步骤 2：礼貌送客人："请问还有什么需要吗？请慢走。"
步骤 3：用袋子将物品装好。
程序四：交换

步骤1：送去维修，向维修人员说明客人的要求，并说明取回时间。

步骤2：说明要求后请维修人员签名。

步骤3：物品修好后服务员要验收并签名。

步骤4：把物品送回给客人，客人检查没问题后，请客人签收。

步骤5：向客人说明费用是多少，并记入其账单。

程序五：回岗位登记

精练 ⑤　输送服务

程序一：核实

问清楚客人需要什么物品（种类、颜色、数量等）。

程序二：输送

将物品装入托盘，在10分钟内完成输送服务。

程序三：进房

按规定要求进房。

程序四：输送物品

客人在房间但又没开门，就把物品放在门口，打电话到房间告诉客人物品已放在门口。

程序五：回岗位登记

图 12 - 3　输送服务

训练项目：访客服务

1. 考核时间：5分钟

2. 具体考核要求

（1）正确掌握操作规程；

（2）动作熟练、规范；

（3）按照正确程序完成；

（4）在5分钟内完成操作。

3. 否定项说明

（1）没有穿着工装或制服；

（2）严重失礼导致客人离店；

（3）访客接待程序出现2处以上错误。

4. 配分与评分标准

序号	考核内容	考核要点	评分标准	配分	扣分	得分
1	迎接客人	站在服务处，面带微笑表示欢迎	没有使用敬语扣2分；没有主动问候客人扣2分	4		
2	询问客人	礼貌地询问客人	没有询问客人扣2分	2		
3	正确处理	根据不同情况正确处理	处理错误扣2—8分	10		
4	操作规范	程序规范，动作标准	程序出现错误扣2分；动作不规范一处扣1分	4		
	合计			20		

模块 (13)

突发事件的处理

精练 ① 客人突发心脏病的处理

程序一：应急处理

步骤1：不能随便搬动客人。

步骤2：让客人平卧。

步骤3：不能随便给客人喝水、吃药。

程序二：报告上级

步骤1：用最近的电话报告。

步骤2：看护好客人。

程序三：协助工作

步骤1：医生到场后，配合完成各项工作。

步骤2：搞好现场卫生。

程序四：登记记录

将整个处理过程详细记录下来。

精练 ② 客人突发癫痫病的处理

程序一：应急处理

步骤1：将毛巾塞入客人口中（牙齿与牙齿之间）。

步骤2：挪开尖锐物、硬物，稳住客人。

程序二：报告上级

步骤1：用最近的电话报告。

步骤2：看护好客人。

程序三：协助工作

步骤1：听从安排，完成工作任务。

步骤2：作好善后工作。

程序四：登记记录

将整个处理过程详细记录下来。

精练 ③　客人生病的处理

程序一：询问客人

礼貌询问客人病情。

程序二：提供帮助

步骤1：提醒客人店内有医生服务，如没有驻店医生，应征询客人意见，是否去医院。

步骤2：了解客人生病的原因。

步骤3：为客人提供必要的生活用品，如纸巾、茶杯、热水瓶、垃圾桶等。

步骤4：询问客人有无需要代办的事项。

步骤5：随时留意房内动静。

程序三：报告上级

将情况告知领班或主管。

程序四：登记记录

在交接班记录本上作好记录。

精练 ④　客人食物中毒的处理

程序一：报告上级

程序二：应急处理

稳住客人情绪。

程序三：看护好客人，清理脏物

客人可能会有呕吐物，及时清理。

程序四：协助工作

听从安排，作好善后工作。

程序五：登记记录

将整个处理过程详细记录下来。

精练 **5** **停电处理**

程序一：清理楼层走廊的物品

将房务工作车、走廊杂物清理干净，可推进就近的工作间或空房内，以免妨碍客人。

程序二：安抚客人

向客人解释说明只是临时停电，稳定客人情绪。

程序三：注意防盗

加强楼层巡视，以免有人趁机盗窃。

精练 **6** **醉酒客人的处理**

1. 重度醉酒客人的处理

步骤1：报告上级及保卫部门。

步骤2：请保安人员将客人送到房间休息。

步骤3：将纸巾、茶杯、热水瓶、垃圾桶等放在床边，方便客人取用。

步骤4：将房间的火柴、打火机撤出，以防意外。

步骤5：随时留意房间动态。

2. 轻度醉酒客人的处理

程序一：迎客

步骤1：见有客人到该楼层时，要走到电梯口相应位置迎宾。

步骤2：向客人礼貌问好。

步骤3：请客人出示房卡核对。

程序二：引领客人到房间

引领时走在客人侧前方1米处，转弯处用手示意。带客人到房间时切不可扶客人。

程序三：按规定要求进房

程序四：提供服务

步骤1：请客人到沙发坐好。

步骤2：送上热茶给客人醒酒。

步骤3：送上热毛巾，帮助客人醒酒。

步骤4：把垃圾桶放在床前，把纸巾放在床头柜上，方便客人取用。

步骤5：把房间的火柴、打火机撤出，以防意外。

程序五：退出房间

程序六：登记记录

作好记录，随时留意房间动态。

训练项目：客人生病的处理

1. 考核时间：5 分钟

2. 具体考核要求

（1）正确掌握操作规程；

（2）动作熟练、规范；

（3）按照正确程序完成；

（4）在 5 分钟内完成操作。

3. 否定项说明

（1）没有穿着工装或制服；

（2）处理程序出现 2 处以上错误。

4. 配分与评分标准

序号	考核内容	考核要点	评分标准	配分	扣分	得分
1	询问客人	礼貌地询问客人的情况	态度生硬扣 1 分	1		
2	了解情况	了解事情发生的原因	了解情况不准确扣 2 分	2		
3	提供服务	表示可以提供一些服务	服务不周到扣 2—4 分	4		
		重大事件，组织抢救并通知相关人员	未及时联系、组织抢救扣 2 分	2		
4	汇报	及时报告上级	未及时汇报扣 1 分	1		
合计				10		

会议服务

精练 ① 会见服务

程序一：布置会见厅

（1）小规模的：可以设置成凹字形或马蹄形。

（2）大规模的：可以设置成 T 字形。

程序二：准备物品

准备好桌椅、茶杯、垫碟、烟灰缸、小香巾、便笺、圆珠笔或铅笔等。

程序三：安排座位

主人右手边坐主宾，翻译员和记录员坐在主人和主宾后面。

程序四：会见服务

步骤1：门口迎宾：服务员在门口热情迎接，礼貌问候。

步骤2：主人提前到达，服务员将其引领到休息室或会见厅，用小茶杯为其上茶。

步骤3：当客人到达时，主人到门口迎接并合影。服务员应在这个间隙撤下小茶杯。

步骤4：宾主入座后，两组服务员分别给宾主上茶或冷饮，杯把一律朝向客人右手。

步骤5：会见时间稍长，服务员应为每位宾主上一次热毛巾，每隔40分钟续一次水、换一次毛巾。

步骤6：会见过程中随时注意厅内动静，有服务需要应及时协助处理。

步骤7：门口送客：会见结束，服务员在门口敬语送客。

步骤8：善后工作：对活动现场进行检查，发现遗忘物品应及时与客人联系，尽快物归原主；收拾用具、用品，将会见厅。

会议服务

程序一：布置会谈厅

会谈厅可以设置为横一字形、竖一字形、椭圆形、四边形、圆形。

程序二：准备用品

步骤 1：布置鲜花。

步骤 2：将烟灰缸放在客人的右手边。

步骤 3：在桌子正中摆上记录本，与桌边距离 3 厘米；笔放在记录本右边。

步骤 4：如时间长的会谈，根据举办方的要求准备点心、干果、咖啡，并在两位客人之间放上糖罐或奶瓶。

程序三：安排座位

（1）横一字形：宾客面向正门而坐，主人背门而坐。

（2）竖一字形：客人的座位在正门的右侧，主人的座位在正门的左侧。

（3）椭圆形：与横一字形或竖一字形相同，以右为尊。

（4）四边形、圆形：位置相同，无尊卑之分。

不管哪种布置形式的会谈厅，中间的位置是主谈人，主谈人后侧是翻译员和记录员。

程序四：会谈服务

主人提前半小时到场，服务员站在门口迎宾。见到客人要礼貌问好，主人与客人握手后引领客人入座。

步骤 1：门外迎宾：服务员站在会谈厅门外，面向客人到来的方向，保持微笑。

步骤 2：敬语迎宾：客人到达距会谈厅 5 米时，服务员向外走出半步，上半身略微前倾，向客人问好："您好，小姐/先生。"

步骤 3：带位：客人距会谈厅 2 米时，服务员伸手示意大门的方向"这边请"。在客人侧前方 1 米处带位，在距离座位 1 米处时停下来，转身面向客人，示意客人座位方向"请坐"。客人坐下后，服务员后退半步，转身离开。

步骤 4：上茶和续茶的方法。

（1）上茶：按要求理好盘，左手托盘，在客人右侧上茶；上茶时右手拿茶把，右脚在前，杯把向客人右手侧。上茶顺序：先宾后主，按顺时针上茶，7 分满为宜。

（2）续茶：左脚向前跨半步，站在客人右侧，左手的小指和无名指夹起杯盖，另 3 根手指拿起杯把，端起茶杯，侧身腰略弯曲，为客人续水。续好水后把杯放回原位，用手示意"请"。续茶顺序与上茶一样。

步骤 5：送客：当会议结束时，服务员应为客人拉椅，引领客人出会谈厅，礼貌道别。

步骤 6：善后工作：收拾会谈厅的物品，作好清洁、善后工作。

精练 **3** **签字仪式服务**

程序一：布置签字仪式厅

选择有屏风和挂画的会议室。

程序二：准备用品

屏风式挂画、签字桌、深绿色台呢、高靠背扶手椅 2 把、照相机、常青树的盆景若干、旗架和微型国旗、文本和文具、香槟或红酒、托盘、红酒杯等。

步骤 1：离屏风 3—4 米处摆放一张长条桌。

步骤 2：在桌上铺上深绿色台呢；桌前布边离地 10 厘米，桌后布边离地 40 厘米。

步骤 3：在桌后摆放 2 把高靠背扶手椅，相距 1.5 米。

步骤 4：椅子正对的桌面上放文本和签字笔，文本离桌边 3 厘米。

程序三：安排座位

（1）2 位主签人旁边各站 1 名助签人员。

（2）在主签人身后，离高靠背扶手椅后 1.2 米处站双方陪签人员。

程序四：签字仪式服务

步骤 1：引领客人按规定位置坐好，当双方准备签字时，服务员在工作间准备好酒水，站在离签字桌 2 米处等候。

步骤 2：当双方握手交换文本时，服务员把椅子撤走，另外的服务员上酒水。

步骤 3：上酒顺序：先上主签人员，再上陪签人员。从陪签人员中间向两边分让。

步骤 4：当客人碰杯、喝酒后，服务员及时用托盘撤走酒杯。

步骤 5：送客：引领至门口，礼貌道别。

步骤 6：善后工作：收拾签字仪式厅的物品，作好清洁、善后工作。

程序五：照相座位的安排

如果有合影，要事先排好合影位置，按礼宾顺序，主人右边为主宾位置，主方人员和宾客双方间隔排列，每排靠边的位置均为主方人员。

精练 **4** **教室型会议服务**

程序一：准备工作

（1）讲台位置：桌子、椅子、席卡、话筒、茶具、文件、文具、台布、电脑。

（2）与会者位置：桌子、椅子、茶具、文件、文具。

（3）座椅的摆放：先准备主讲人的位置，再根据参加的人数摆放桌椅。

程序二：安排座位

（1）主讲人在讲台。

（2）其他人如果有座位安排就按名字就座，如果没有座位安排就按到会顺序安排就座。

程序三：茶水服务

（1）迎宾带位：站在相应位置迎宾，把主讲人领到讲台。

（2）随时为主讲人上茶水。

（3）从前面按顺时针方向为其他人上茶。

程序四：续茶

（1）随时为主讲人续茶。

（2）其他人半小时续一次或视客人情况续茶。

程序五：送客

会议结束后，引领客人到门口，礼貌道别。

程序六：作好善后工作

训练项目：为圆形布置的会议厅进行茶水服务

1. 考核时间：5 分钟

2. 具体考核要求

（1）严格按操作规程进行；

（2）动作优美、轻快；

（3）按照正确程序完成；

（4）在 5 分钟内完成操作。

3. 否定项说明

（1）没有穿着工装或制服；

（2）物品准备不齐；

（3）会议服务程序出现 2 处以上错误；

（4）出现 2 次以上打翻托盘或茶具。

4. 配分与评分标准

序号	考核内容	考核要点	评分标准	配分	扣分	得分
1	仪容仪表	着装整洁，面带微笑，示意客人	着装不整洁扣0.5分；没有示意客人扣0.5分	1		
2	斟水	斟水时体态规范	体态不规范扣1分	1		
		斟水时位置正确	位置不正确扣2分	2		
		茶水适量（7分满）	斟水量过多或过少扣1分	1		
		持杯姿势正确	持杯姿势不正确扣2分	2		
3	操作效果	不发生碰撞声响	声响过大，有噪声扣2分	2		
		不洒落	有洒落扣1分	1		
合 计				10		

客房服务操作技能

精练 ❶ 吸尘器的使用

程序一：准备工作

把吸尘器拿到房间里，插电源，打开开关。

程序二：使用方法

步骤 1：双手握吸尘器手把，与身体保持 60 度角。

步骤 2：吸房间地板上的尘，要顺着地毯纹路吸，注意边角，从里到外吸。

步骤 3：吸卫生间地板上的尘，要换挡，从里到外吸。

程序三：操作完毕

吸完后关机，拔电源，绕线，摆放好。

精练 ❷ 吸尘器的保养

程序一：抹尘

用一块抹布把吸尘器从上到下抹一遍。

程序二：分拆

把吸尘器的机头拆下来，把吸管拔下来。

程序三：倒垃圾

把集尘袋取下来，把垃圾倒进垃圾桶，用抹布将吸尘桶内侧抹一遍。

程序四：安装

把集尘袋安装好（如不急用的话把吸尘袋洗干净晾干），再安装好吸管和机头。

程序五：定期上油

定期给吸尘器的机头上润滑油。

干泡洗地毯法

程序一：准备工作

准备低速洗地毯机、洗地毯剂、吸尘器。

程序二：吸尘

用吸尘器彻底吸尘。

程序三：安装

步骤1：安装打泡箱：将打泡箱安装在低速洗地毯机上。

步骤2：装洗地毯剂：在干泡地毯水（TR101）中注入20—30倍的水，并放入打泡箱内。

步骤3：安装地毯刷：接上电源，把地毯刷安装在低速洗地毯机上。

程序四：擦地

步骤1：开启泡量开关，等泡沫充满地毯刷。

步骤2：开动低速洗地毯机。

步骤3：擦地：将清洁泡沫擦入地毯中，行走方向是横行，从左到右；然后移至另一行，由右到左，重复操作，直到清洗完毕。

步骤4：待十几分钟地毯完全风干。

步骤5：吸尘：用吸尘器将洗地毯剂与地毯里的尘埃结成的晶体彻底吸去，地毯便干净了。

干粉洗地毯法

程序一：准备工作

准备压粉机或长扫帚、清洁粉、吸尘器。

程序二：吸尘

用吸尘器彻底吸尘。

程序三：洒清洁粉

程序四：压粉

用压粉机或长扫帚均匀地把清洁粉压均匀。

程序五：等待静电反应

等待约40—50分钟。

程序六：吸尘（参照精练3）

精练 5 **地毯除渍**

程序一：判断

判断地毯上的污渍属于哪种污渍。

程序二：准备工具

需要准备的工具包括小刀、刷子、干抹布、温水、熨斗、清洁剂。

程序三：去除污渍

步骤1：用小刀小心地将块状物刮干净，放到垃圾桶。

步骤2：用少许温水冲淡有污渍的地方。

步骤3：用干抹布吸水。

步骤4：用少许清洁剂擦拭，从外往里刷。

步骤5：用少许清水冲洗干净。

步骤6：用干抹布吸水。

程序四：烘干

（1）如果此房急着用的话，用熨斗熨干。

（2）如果不急着用，就铺上一块干抹布，让其自然风干，次日再取走这块抹布。

程序五：收拾工具

精练 6 **墙纸墙面除渍**

程序一：判断

判断墙纸墙面上的污渍属于哪种污渍。

程序二：准备工具

需要准备的工具包括刷子、牙膏或清洁具、干抹布、水、棉球。

程序三：去除污渍

步骤1：去浮尘，用干抹布抹一遍墙面。

步骤2：在刷子上放少量的牙膏，对着污渍从里到外擦拭。

步骤3：用棉球蘸上少许水擦拭污渍。

步骤4：用干抹布吸干水分。

程序四：收拾工具

精练 7　家具打蜡

程序一：准备工具

需要准备的工具包括抹布、蜡（家具蜡）。

程序二：去浮尘

用抹布从上到下将家具上的浮尘去掉。

程序三：上家具蜡

在抹布上喷上家具蜡，均匀地抹在家具上。

程序四：抛光

用另一块抹布均匀地在家具上来回擦拭。

程序五：再次打蜡

半小时后再进行一次打蜡。

精练 8　擦铜器

程序一：准备工具

需要准备的工具包括抹布、铜油、报纸。

程序二：铺报纸

程序三：去浮尘

用抹布将金属器皿擦拭一遍以去除表面浮尘。

程序四：上铜油

在抹布上喷上铜油，均匀地抹在器皿上。

程序五：抛光

用抹布均匀地擦拭抛光，直到光亮为止。

程序六：收拾工具

训练项目：清除地毯咖啡渍

1. 考核时间：10 分钟

2. 具体考核要求

（1）用干抹布彻底吸干咖啡渍，用海绵蘸上清洁剂擦拭，最后用干抹布吸干溶液；

（2）用海绵蘸上清水擦拭，用干抹布吸干水分；

（3）如污迹时间较长，可用漂白剂擦拭，用干抹布吸干溶液后，再用海绵蘸上清水擦拭，最后用干抹布吸干水分；

（4）在 10 分钟内完成操作。

3. 否定项说明

（1）没有穿着工装或制服；

（2）物品、工具准备不齐，导致不能进行考核；

（3）程序出现 2 处以上错误；

（4）超过规定时间 2 分钟以上。

4. 配分与评分标准

序号	考核内容	考核要点	评分标准	配分	扣分	得分
1	检查	检查地毯污渍面积及污渍种类	污渍种类判断不正确扣 0.5 分	0.5		
2	清除准备	根据污渍的种类选择相应的清洁工具；根据污渍的轻重程度配制清洁剂	清洁工具选择不正确扣 0.5 分；清洁剂选择不正确扣 0.5 分；清洁剂稀释不正确扣 0.5 分	1.5		
3	清洁	将稀释的清洁剂均匀地喷洒在地毯表层	清洁剂喷洒不均匀扣 1 分	1		
		用刷子从外向里对污渍进行旋刷，注意不要污及其他表面	刷子旋刷的方法不正确扣 0.5 分；刷子旋刷轻重不均匀扣 0.5 分	1		
		用干抹布吸去污水	污水没有吸干扣 1 分	1		
		在洗刷处喷洒清水，吸干，以免污物残留	没有把污物清洗干净扣 1 分；有污渍残留扣 1 分	2		
		用吹风机吹干或开空调风干	没有作烘干处理扣 1 分	1		
4	整理复位	待地毯干后，用软毛刷或吸尘器将地毯吸干并刷平	地毯没有干透就进行下一步工作扣 0.5 分；软毛刷或吸尘器运用不到位扣 0.5 分	1		
5	善后	将工具、用品收拾好，并根据情况对清洁处作必要的维护	有清洁剂遗留扣 0.5 分；有清洁器具遗留扣 0.5 分	1		
合计				10		

中级客房服务员实操技能考核模拟试卷一

中级客房服务员实操技能考核模拟试卷一评分记录表

考件编号：＿＿＿＿＿＿　姓名：＿＿＿＿＿＿　准考证号：＿＿＿＿＿＿　单位：＿＿＿＿＿＿

总成绩表

序号	试题名称	配分	得分	备注
1	客房的小整理	40		
2	清除地毯果汁渍	10		
3	墙纸清洁	10		
4	为圆形布置的会议厅进行茶水服务	10		
5	客房失窃	10		
6	常用接待英语	10		
7	楼层迎宾服务	10		
	合计	100		

试题 1：客房的小整理

考核说明：

（1）布置房务工作车，进房；

（2）拉开窗帘；

（3）整理床铺；

（4）除尘除迹；

（5）清除垃圾；

（6）更换茶杯和烟灰缸；

（7）换水；

（8）整理卫生间；

（9）补充消耗品；

（10）调节空调；

（11）关门退出；

（12）登记。

序号	考核内容	考核要点	评分标准	配分	扣分	得分
1	准备	将清洁用具及所需客房用品整齐地摆放在房务工作车中	准备不齐全，每漏一项扣1分	6		
2	清洁整理	敲门	未敲门扣2分；未通报自己的身份和目的扣2分	4		
		整理卧室和卫生间	无清理垃圾扣2分；清洁方法不正确扣2分；清洁工具使用不当扣3分；低值易耗品补充不全，每漏一项扣3分；卫生洁具有污渍扣3分；卫生间洁具未消毒扣3分	16		
3	检查	检查有无遗漏之处或有无清洁工具留下	有遗漏之处或有清洁用具留下，每漏一项扣1分	10		
4	关灯，关门	关灯，并关上房门	未关灯或未关门扣2分	2		
5	登记	在相关登记表上登记	未登记扣2分	2		
合计				40		

试题2：清除地毯果汁渍

考核说明：

（1）用干抹布彻底吸干果汁渍，用海绵蘸上清洁剂擦拭，再用干抹布吸干溶液；

（2）用海绵蘸上清水擦拭，再用干抹布吸干水分；

（3）如仍有色斑，可用漂白剂清除，用干抹布吸干溶液后，再用海绵蘸上清水擦拭，最后用干抹布吸干水分。

序号	考核内容	考核要点	评分标准	配分	扣分	得分
1	检查	检查地毯污渍面积及污渍种类	污渍种类判断不正确扣0.5分	0.5		
2	清除准备	根据污渍的种类选择相应的清洁工具；根据污渍的轻重程度配制清洁剂	清洁工具选择不正确扣0.5分；清洁剂选择不正确扣0.5分；清洁剂稀释不正确扣0.5分	1.5		
3	清洁	将稀释的清洁剂均匀地喷洒在地毯表层	清洁剂喷洒不均匀扣1分	1		
		用刷子从外向里对污渍进行旋刷，注意不要污及其他表面	刷子旋刷的方法不正确扣0.5分；刷子旋刷轻重不均匀扣0.5分	1		
		用干抹布吸去污水	污水没有吸干扣1分	1		
		在洗刷处喷洒清水，吸干，以免污物残留	没有把污物清洗干净扣1分；有污渍残留扣1分	2		
		用吹风机吹干或开空调风干	没有作烘干处理扣1分	1		
4	整理复位	待地毯干后，用软毛刷或吸尘器将地毯吸干并刷平	地毯没有干透就进行下一步工作扣0.5分；软毛刷或吸尘器运用不到位扣0.5分	1		
5	善后	将工具、用品收拾好，并根据情况对清洁处作必要的维护	有清洁剂遗留扣0.5分；有清洁器具遗留扣0.5分	1		
合计				10		

试题3：墙纸清洁

考核说明：

（1）用干布擦去浮尘；

（2）如有污迹可用海绵蘸上清洁剂擦拭；

（3）用清水清洗干净；

（4）用干抹布吸干或用吹风机吹干。

序号	考核内容	考核要点	评分标准	配分	扣分	得分
1	准备	准备好各种清洁工具；将清洁剂按比例配好	清洁工具选择不正确扣1分；清洁剂选择不正确扣1分；清洁剂稀释不正确扣2分	4		
2	清洁保养	根据墙体的不同材质采用正确的清洁方法；按正确方法进行保养或修复	清洁方法不正确扣2分；有残留污迹扣2分；保养或修复方法不正确扣2分	6		
合计				10		

试题4：为圆形布置的会议厅进行茶水服务

序号	考核内容	考核要点	评分标准	配分	扣分	得分
1	仪容、仪表	着装整洁，面带微笑，示意客人	着装不整洁扣0.5分；没有示意客人扣0.5分	1		
2	斟水	斟水时体态规范	体态不规范扣1分	1		
		斟水时位置正确	位置不正确扣2分	2		
		茶水适量（7分满）	斟水量过多或过少扣1分	1		
		持杯姿势正确	持杯姿势不正确扣2分	2		
3	操作效果	不发生碰撞声响	声响过大，有噪声扣2分	2		
		不洒落	有洒落扣1分	1		
合计				10		

试题5：客房失窃

考核说明：

（1）提醒客人认真回忆物品的情况；

（2）如小件物品应尽量帮助查找；

（3）认真作好调查记录（应使用专门的表格，以表示重视并备查），完成好记录后请客人核实签名。

序号	考核内容	考核要点	评分标准	配分	扣分	得分
1	询问	礼貌地询问客人的情况	态度生硬扣1分	1		
2	了解	了解事情发生的原因	了解情况不准确扣2分	2		
3	提供服务	表示可以提供一些服务	服务不周到视情况扣2—4分	4		
		重大事件，组织抢救并通知相关人员	未及时联系、组织抢救扣2分	2		
4	汇报	及时报告上级	未及时汇报扣1分	1		
		合计		10		

试题6：常用接待英语

序号	考核内容	考核要点	评分标准	配分	扣分	得分
1	词汇	将给出的5个汉语词汇译成英语；将给出的5个英语词汇译成汉语	每个词0.5分，翻译不正确或不准确均不得分	5		
2	短句	按要求说出1句欢迎语；按要求说出1句致谢语；按要求说出1句致歉语；按要求说出1句道别语；按要求说出1句祝福语；在听不清问题时能用英语提出自己的要求	意思表达不清、不完整或不准确扣1分；关键词发音不准确扣1分；语调不合适扣0.5分；语法有误扣0.5分；语速过慢或句子不流利扣0.5分；表情不自然扣0.5分；不会用英语提出要求扣0.5分	5		
		合计		10		

试题7：楼层迎宾服务

序号	考核内容	考核要点	评分标准	配分	扣分	得分
1	工作程序规范	按要求示范相关工作程序	操作顺序不正确，每1步扣1分；操作标准不正确，每1项扣1分	5		
2	动作标准	按要求做出示范动作	动作不规范，每次扣1分；动作不熟练，每次扣0.5分	5		
		合计		10		

中级客房服务员实操技能考核模拟试卷二

中级客房服务员实操技能考核模拟试卷二评分记录表

考件编号：_____ 姓名：_____ 准考证号：_____ 单位：_____

总成绩表

序号	试题名称	配分	得分	备注
1	中式铺床	20		
2	铜制品材料清洁保养	15		
3	代购物品服务	25		
4	布置小型会议室	20		
5	楼层库房物品的保管	20		
	合计	100		

试题1：中式铺床

考核内容	考核要点与评分标准（各项配分扣完为止）	配分	扣分	得分
中式铺床	甩单定位：准确，一次到位，不偏离中线，正面向上	3		
	包角：四角均匀、紧密，式样、角度一致，床头、床尾及两侧塞入平整	4		
	套被：被芯完全塞入被套，四角到位，饱满均匀	3		
	铺被：被套正面向上，不偏离中线，被头与床头齐平，开口边位于床尾或床侧，外形平整、挺括、美观	3		
	套枕头：四角饱满，外形平整，枕芯不外露	3		
	放枕头：枕头放置位置正确	2		
	仪容仪表端庄整洁，动作协调，过程流畅，一步到位	2		
	要求3分钟内完成，提前不加分，每超时满10秒扣0.5分			
	合计	20		

（续上表）

考核内容	考核要点与评分标准（各项配分扣完为止）	配分	扣分	得分
否定项：若考生发生下列情况之一，则应及时终止其考试，考生该试题成绩记为零分。 （1）在准备工作中出现选择床单或被套错误； （2）在铺床过程中出现被子拖地； （3）在铺床过程中出现软硬垫严重移位； （4）在铺床过程中出现被芯与被套严重脱位； （5）在铺床过程中发现保护垫、床单或被套有污渍却视而不见。			

试题2：铜制品材料清洁保养

考核内容	考核要点与评分标准（各项配分扣完为止）	配分	扣分	得分
铜制品材料清洁保养	将报废的床单铺在地面上保护地板	2		
	用软干抹布除去铜制品上的浮尘及局部油渍	3		
	将铜油适量均匀地倒在抹布上，停留30秒	2		
	用干净的细软抹布反复擦拭、打光	3		
	收起清洁工具并作好清洁，妥善保管	2		
	仪容仪表端庄整洁，操作程序合理，动作规范	3		
	要求5分钟内完成，提前不加分，每超时满10秒扣1分			
合计		15		
否定项：若考生发生下列情况之一，则应及时终止其考试，考生该试题成绩记为零分。 （1）在准备工作中出现选错工具或清洁剂情况； （2）在操作过程中出现划花或损坏铜制品情况。			

试题 3：代购物品服务

考核内容	考核要点与评分标准（各项配分扣完为止）	配分	扣分	得分
代购物品服务	接到客人代购物品要求时尽量予以满足，并记录好客人房号、姓名和要求；若不能满足需向客人说明	5		
	告知客人解决方法和大约需要的时间，并尽可能告知事情进展情况	5		
	若发生费用，一定要事先告知客人	5		
	解决后要询问客人意见，检查分析有无需要改进之处，并作好记录，以便查询	5		
	仪容仪表端庄，操作程序正确；服务语言规范，服务姿势优雅	5		
	要求 5 分钟内完成，提前不加分，每超时满 10 秒扣 1 分			
	合计	25		
否定项：若考生发生下列情况之一，则应及时终止其考试，考生该试题成绩记为零分。(1) 在服务过程中出现不礼貌用语；(2) 在服务过程中出现乱收客人费用情况。				

试题 4：布置小型会议室

考核内容	考核要点与评分标准（各项配分扣完为止）	配分	扣分	得分
布置小型会议室	根据会场大小、会议要求和与会人数确定会议室布置形式	8		
	根据会议要求、性质及类型来布置会议台面，摆放好铅笔或圆珠笔、杯垫、名签和花插等物	10		
	仪容仪表端庄，操作程序正确	2		
	要求 5 分钟内完成，提前不加分，每超时满 5 秒扣 1 分			
	合计	20		

试题 5：楼层库房物品的保管

考核内容	考核要点与评分标准（各项配分扣完为止）	配分	扣分	得分
楼层库房物品的保管	楼层库房应保持清洁、整齐、干燥	2		
	客房应配备开放式的货架及储物柜	2		
	加强库房安全管理，做好"四防"工作，即防火、防盗、防鼠疫、防霉变	2		
	库房作好区域划分，分区存放布草类、小件液体、劳动工具；加床及贵重物品等应合理摆放，妥善保管	2		
	制定合理的库存量，根据不同的消耗品制定不同的库存量	4		
	库房领发物品应遵循"先进先出，后进后出"的原则	2		
	加强库房物资管理，做到定期盘点	2		
	仪容仪表端庄，操作程序正确，动作规范	4		
	要求 5 分钟内完成，提前不加分，每超时满 10 秒扣 1 分			
合计		20		

否定项：若考生发生下列情况之一，则应及时终止其考试，考生该试题成绩记为零分。
（1）在情景描述时答非所问；
（2）在情景描述时所讲内容出现严重错误。